KB235134

대학, 행복을 위한 황금 열쇠인가?

대학, 행복을 위한 황금 열쇠인가?

■ 이정규 지음

이담 Books

나의 사랑하는 가족에게 이 책을 바친다.

머리말

　　이 책은 저자가 2003년부터 2008년까지 5년 동안 한국대학신문에 기고한 우리나라 대학교육에 관련된 약 50여 편의 칼럼과 타 기관지와 일간지 및 학술뉴스레터에 기고한 한국 고등교육 관련 칼럼 그리고 1편의 서평과 1편의 일간신문 특집기사 등 10편을 한데 모아, 2008년 6월에 교보문고에서 디지털북(**한국의 대학과 고등교육**)으로 발행한 것을 올해 책명을 바꾸어 한국학술정보㈜에서 새롭게 단행본으로 태어나게 되었다. 필자는 미국 텍사스 주 오스틴 소재 텍사스대학교에서 고등교육행정을 전공한 후 국내외에서 이 분야를 연구하고 가르친 연구자와 교수로서의 경험과 대학 행정가로서의 실무경력을 토대로 한국의 대학과 대학교육이 안고 있는 문제점과 현안을 깊이 있게 통찰하여 대학 구성원들에게 날카로운 비판과 더불어 건설적인 제언과 권고를 해 왔다. 저자의 대학교육 관련 칼럼은 우리나라 대학교육 종사자, 특히 대학 행정 및 정책입안과 결정에 직간접으로 참여하고 있는 정부의 교육행정관료와 연구기관의 연구원, 그리고 대학 사회를 이끌고 있는 총·학장 및 학과장에 이르는 대학 행정가뿐만 아니라, 대학에서 강의하고 연구하는 교수, 강사, 연구원을 포함하여 대학과 대학원에서 학업을 정진하고 있는 학생들을 독자층으로 하였다.

　　그러나 저자는 이 글들이 시류성에 흘러 잊혀지는 단순한 한시적인 칼럼보다는 오랫동안 가독력과 구독력을 지닐 수 있는 책자로 남아 한국 고등교육 발전에 일조할 수 있도록 해야겠다는 생각에서 이 칼럼 모음집을 출판하기로 결심하였다. 이 칼럼들은 시론이나 학술 뉴스레터 형식의 글도 있지만 대부분 제언이나 권고 혹은 비평 형식의 글이다. 따라서 대학 행정이나 고등교육에 관한 전문성을 띤 칼럼도 있지만 대체로 한국 대학교육에 대한 필자의 진솔한 의견이나 주장을 피력한 글이 주류를 이루고 있다. 특히 일부 칼럼은 어떤 특정 대학이나 개인을 소재로 다루고 있지만 미래지향적이고 건설적인 측면에서 필자의 개인적인 생각을 진솔하게 밝힌 것이다. 비록 이 칼럼 모음집이 어떤 한 주제나 특정 사안에 대해 체계적으로 연구한 연구보고서나 학술논문은 아니지만, 개개의 칼럼이 담고 있는 학문적 깊이와 가치에 대한 판단은 독자 여러분의 몫으로 남겨 놓고자 한다.

저자는 이 칼럼들이 한국 대학교육의 개혁과 발전에 한 알의 밀알이 되고자 하는 소박한 학문적 소망을 가지고 기술하였다. 아무쪼록 이 책이 필자의 작은 소망을 이루는 데 소금의 역할을 할 수 있기를 간곡히 두 손 모아 기원한다. 끝으로 이 칼럼 모음집이 책으로 거듭나 세상의 빛을 볼 수 있도록 기회를 마련해 준 한국대학신문, 교보문고, 그리고 한국학술정보㈜ 여러분들께 감사드린다. 특히, 이런 글을 쓸 수 있도록 필자에게 교육기회와 지혜를 베풀어 주신 나의 부모님, 그리고 학문과 삶의 여정에서 언제나 고락을 함께한 나의 사랑하는 아내와 딸(기림)에게 이 책을 바친다.

2010년 정월, 기림의 생일을 축하하면서
교동 거처(居處)
저자 이정규

목 차

제1장

■ 대학과 대학인

1

대학(university)의 개념과 유래

대학 구성원들이 대학의 본질을 이해하는 데 다소 도움을 주고자 먼저 대학(university)의 개념이 무엇인지, 어디에서 어떻게 유래되었는지를 서양(西洋) 고등교육사의 관점에서 간략히 소개하고자 한다.

우리가 대학이라고 사용하고 있는 영어의 'university'라는 용어는 협동이나 조합(guild)의 뜻을 담은 라틴어인 'universitas'에 그 어원을 두고 있다. 중세 유럽에서 대학이 발원하던 당시(12세기 무렵)에 상공인들은 스스로의 권익을 보호하기 위해 조합을 결성하고 있었다. 이러한 흐름에 편성하여 교수와 학생들도 자신들의 권익을 보호할 목적으로 길드를 형성하였다. 특히 교수들은(당시엔 masters라 칭함) 자신의 권익을 보호함은 물론 졸업 후보자에게 자격시험을 치르게 하고 교사자격증(licencia docendi)을 부여하는 데 대한 감독권을 갖기 위함이 주목적이었다.

대학 발흥의 정초기인 12세기경에도 서구의 가톨릭 성직자나 수도사를 양성하는 학교인 '스콜라'(schola) 혹은 '스콜라 푸블리카'(schola publica)에선 성직에 필요한 과목 외에 '스투디아 푸블리카'(studia publica)라고 일컫는 일반 교양과목을 가르치고 있었다. 다소 포괄성을 지니고 있는 '푸블리쿰'(publicum)이란 용어가 이 두 가지 기능과 의미를 지니면서 널리 사용되고 있었다. 대학이 태동되기 직전에 '스투디움'(studium)이란 새로운 용어가 부상되어 '푸블리쿰'이란 단어와 함께 '스투디움 푸블리쿰'(studium publicum)이란 용어가 고등교육기관을 지칭하게 되었다.

중세의 수 세기 동안 유럽 대륙에서는 고등교육기관을 '스콜라'(schola) 혹은 '스투디움'(studium)이라고 불렀다. '스투디움 푸블리쿰'의 의미를 계승한 'studium generale'라는 이름은 13세기까지 사용되지 않다가 그 이후 사용된 것으로 추정하고 있다. 초기에 'generale'라는 용어는 교양과목을 '널리 일반적으로'(generally) 가르친다는 의미를 나타내고 있는 것이 아니라, 'publicum'의 의미를 내포한 일반 교양과목을 가르친다는 것 외에 '학생을 위한 일반적인 모임의 장소'라는 의미도 가지고 있었다.

이와 마찬가지로, 'universitas'라는 용어도 보편적이란 의미를 지닌 'universale'나 'generale'의 의미를 나타내는 것이 아니라 조직체나 공동체의 의미를 지닌 'communica'의 개념을 지니고 있었다. 중세 유럽에서 'universitas'는 법적 용어상으론 '여러 개인이 모인 하나의 조합체'라는 의미를 나타내고 있으며, 성서적 혹은 종교적 용어상으론 여러 교회가 있는 하나의 교구라는 의미를 나타내고 있었다.

13세기에 이르러 'universitas'는 단순한 공동체로서의 'studium'이 아닌, 학위를 부여하는 권력을 가진 'universitas doctorum et scholarium'으로 거듭나면서 한 개 혹은 여러 개의 대학을 구성한 'universitates'로 변신하게 되었다. 'universitas'는 항상 'universitas magistrorum', 'universitas scholarium', 'universitas magistrorum et scholarium'이라는 수식어가 붙어 다녔으나, 14세기 후반에 이르러서야 비로소 독자적으로 대학을 지칭하는 단어로 사용되었다.

오늘날 'university'라는 용어는 초창기의 권익 보호와 학위 부여에 대한 감독권을 획득하기 위한 조합의 개념인 'universitas'를 탈피하여 다양화 혹은 다변화를 추구하는 'multicampus', 'multi-university', 국제화 내지 세계화를 추구하는 'international university', 'global university', 지식정보화 시대를 맞아 'virtual university', 'mega-university', 'on-line university', 'e-campus', '모바일 캠퍼스', '유비쿼터스 캠퍼스', 학문의 실용화, 대학의 기업화 혹은 자본주의화를 주창하는 'enterprise university' 혹은 'entrepreneurial university'를 지향하고 있다.

2

무엇을 위해 대학에서 공부하는가?

많은 젊은이들이 부푼 꿈과 미래에 대한 희망을 안고 활기찬 대학 생활을 하고 있다. 그러나 필자는 노파심에서 혹시라도 우리의 젊은이들이 인생과 미래에 대한 깊은 고민 없이 대학에 들어와 인생의 선배가 만들어 놓은 궤도에 따라 무미건조한 생활을 하고 있는 것은 아닌지, 단 한 번의 기회밖에 주어지지 않은 자신의 생(生)을 어떻게 살아야 하고 무엇을 위해 살아야 할 것인가를 진지하게 고민하는 것을 귀찮게 여기는 것은 아닌지, 나아가 무엇을 위해 대학에서 공부해야 하는가에 대해 깊이 사유해 보지 않고 맹목적인 대학 생활을 하고 있는 것은 아닌지 묻고 싶다. 과연 우리의 젊은이들은 무엇을 위해 대학에서 공부하는가? 이러한 질문이 필요한 이유는 학교교육의 목적이 삶의 목적과 불가분의 관계에 있기 때문이다. 이 질문은 외관상으론 목적론적 색채를 나타내고 있지만 내면적으론 존재론적인 철학적 함의와 실용적인 형이하적 실제성을 포함하고 있다.

먼저 목적론적이라 함은 이 질문이 '무엇을 위해'라는 목적을 묻고 있기 때문이다. 삶과 학문에 대한 목적이 사람에 따라 각자 다른 색조를 띠고 있겠지만 누구나 공통적으로 바라는 바는 '행복 추구'라고 해도 과언이 아닐 것이다. 고대 희랍의 위대한 철학자 아리스토텔레스도 모든 사람의 궁극적인 목적은 행복이라고 믿었다. 인간은 행복을 갈망하고, 행복은 유덕한 생활을 신봉함으로써 이루어질 수 있으며, 고매한 덕성은 지혜와 지식을 통하여 가꾸어질 수 있다고 주장하였다. 아리스토텔레스는 행복을 '완전하면서도 자족한 것' 내지 '축복받은 것'으로서 '지고(至高)의 선(善)'이라 간주하였다. 전자를 인간이 획득할 수 있는 '최고의 행복' 즉 유다이모니아(eudaimonia)라고 말하고 후자를 절대자를 통해서 얻을 수 있는 '최상의 축복으로서의 행복'인 마카리오스(makarios)로 표현하였다.

이처럼 행복이 '최상의 것'이고, 인간은 '최상의 것'을 바란다면, 행복은 곧 인간이 바라는 '최상의 것'이라는 논법이 성립될 수 있다. 그러므로 사람이 무엇을 위해 살고 무엇을 위해 공부해야 하는가에 대한 정답은 '행복'을 위해서라고 말할 수 있다.

다음으로 존재론적이라 함은 "무엇을 행하는 나(自我)라는 인격체는 어떤 모습으로 존재해야 하는가?"라는 물음을 내포하기 때문이다. 아리스토텔레스가 "니코마케안 윤리학"(Nicomachean Ethics)에서 행복을 '완전한 덕(德)을 준봉함으로써 이루어지는 영적 활동'으로 정의하였듯이, 배우는 사람은 학문을 통하여 자신을 고매한 덕성을 지닌 인격자로 체화시킬 수 있어야만 '지고의 것'을 내 것으로 만들 수 있다. 고대 중국의 철학자인 순자(荀子)도 자아수양을 겸한 예(禮)를 익힘으로써 인간의 미숙하고 사악한 본성을 변화시킬 수 있다고 하면서, 특히 현자(賢者)의 가르침을 학습할 것을 강조하였다. 배움을 통하여 덕성이 고매한 사람으로 거듭나는 것이 대학에서 공부하는 또 다른 중요한 목적이 될 수 있을 것이다.

　　마지막으로 실용적인 형이하적 실제성이라 함은 배움을 통하여 행복과 덕을 추구하기 위함뿐만 아니라, 이를 실현하기 위한 수단이자 과정으로서 의식주의 해결은 물론 돈과 권력, 명예와 지위를 차지하고 나아가 인간으로서 존엄과 향락을 누릴 수 있는 실제적 내지 실용적인 것을 얻고 누리기 위해서라는 의미를 담고 있기 때문이다. 순자(荀子)에 의하면 사람은 욕망과 함께 태어난다고 한다. 이러한 욕망은 물질적인 소유물과 긴밀히 연계되어 있으며, 욕망은 이러한 물질적 만족을 성취하기 위한 원천적인 근원으로 간주되고 있다. 이러한 욕망은 교육과 훈련을 통해 제어될 수 있다고 본다. 이런 맥락에서 볼 때, 교육은 인간의 물질적 만족을 충족시킬 수 있는 실용적 도구이자 물질적 욕망을 억제시킬 수 있는 도덕적 매체라고 말할 수 있다.

　　평범한 말 같지만 우리의 젊은이들은 대학에서 실용성을 추구하고 덕성을 갖추며 행복한 삶을 영위하기 위하여 공부한다고 볼 수 있지 않을까? 잠시 커피 한 잔 마시는 시간이라도 할애하여 내가 무엇을 위해 대학에서 공부하는지를 한번 깊이 있게 생각해 보는 것은 어떨는지?

3

포도나무와 대학의 여름

주저리 열린 포도송이가 제법 탐스럽다. 장맛비 속에서 구슬만 한 연초록빛의 포도송이는 빗물을 머금은 채 나날이 투명한 옥빛 구슬을 닮아 가고 있다. 곧 한여름의 따가운 햇살에 붉은색을 머금게 되고, 여름이 막바지에 이를 즈음이면 향긋한 포도향을 은은히 발산하며 검붉게 익어갈 것이다. 그때부터 한 달 반 동안이 고비이다. 요즈음과 같은 장마철에는 후덥지근한 날씨와 더불어 갖가지 병충해가 기승을 부리고, 잦은 비와 함께 열과(裂果)도 속출하며, 가지도 웃자라 하늘을 향해 치솟고, 포도넝쿨은 뒤엉켜 가지와 잎을 휘감는다. 병충해를 예방하거나 잡기 위해 사흘이 멀다 하고 땀을 뻘뻘 흘리면서 독한 농약을 살포하고, 장맛비 속에서도 비옷을 입고 터진 열매를 솎아내면서 탐스러운 포도송이를 다듬기도 하고, 장대 끝에 칼을 달아 힘차게 뻗어 나가는 세력 좋은 가지를 쳐서 기를 꺾기도 하고, 뒤엉킨 넝쿨은 끊어 내어 바람과 햇빛이 잎사귀마다 골고루 스미도록 가지를 정돈하기도 한다.

이런 일련의 일들을 겪고 난 후에야 찌는 듯한 더위 속에서 포도 알맹이는 붉은색 빛을 띠면서 신맛과 단맛을 촉진시키게 된다. 한여름 햇살이 기가 꺾일 무렵이면 흑자색의 회분으로 화장을 한 탐스러운 포도송이는 달콤하고 향긋한 향을 발하면서 추색이 감도는 바람을 타고 포도가지에 매달려 추천놀이를 즐기게 된다.

바로 이때 대학은 2학기가 시작된다. 대학인들이 긴 여름방학을 맞아 때로는 한가하게 때로는 바쁘게 제 나름대로의 일에 젖어 있을 때, 포도나무는 알찬 포도송이를 만들기 위해 갖가지 병충해와 궂은 날씨에 맞서 수분을 세차게 빨아들이고, 햇빛을 잎사귀로 감싸기도 하며, 바람을 넝쿨로 붙들고 달래면서 최선을 다한다. 이런 노력을 게을리 한다면 포도나무에 탐스러운 포도송이가 매달릴 수 없다.

우리의 대학인들도 여름철 포도나무처럼 소중하고 값진 일을 하면서 방학을 지내야 할 것이다. 만일 긴 방학을 보람 있는 일로 채우지 못할 때 다음 학기는 단순히 지난 학기의 연장선상에 있을 뿐 새로운 결실을 기대하기 어려울 것이다. 학생은 이 여름을 뜨거운 마음으로 갖가지 새로운 경험을 하면서 젊음의 시간을 값있게 보내고, 교수는 다음 학기의 강의와 연구를 충실히 대비하기 위한 재충전의 시기로 활용하고, 대학 행정가는 학생과 교수가 학문의 자유를 마음껏 누릴 수 있도록 상아탑을 새롭게 단장할 때 대학에 진리탐구의 향기가 머물게 될 것이다. 한여름의 시련을 이겨 내고 한 알 한 알이 영글어 서로의 조화를 이루면서 아름다움과 향기를 발하는 탐스러운 포도송이가 되는 것처럼, 학생들과 교수들 및 행정가들이 나름대로 여름을 값있게 보낼 때, 그리고 개학 후 교내외의 갖은 어려움과 갈등을 협력과 대화로 극복하고 각 개체로서의 색깔과 향을 지니면서도 연합체로서의 조화를 이룰 때, 우리의 대학은 학문의 자유와 진리탐구라는 알찬 결실을 맺을 수 있을 것이다. 대학의 각 구성원들이 이 방학을 어떻게 보내느냐에 따라 우리의 대학이라는 포도나무가 후일에 진리탐구와 학문의 자유라는 탐스러운 포도송이를 매달 수도 있고 그렇지 않을 수도 있다. 혹시 우리의 대학인들이 연일 계속되는 장맛비 혹은 찌는 듯한 무더위라고 두 손을 놓고 푹 쉬고만 있는 것은 아닌지 경각심에서 이 메시지를 전한다.

4

무엇이 대학인을 슬프게 하는가?

오늘따라 하늘도 짙은 회색 구름으로 잔뜩 덮여 있다. 금방이라도 비가 쏟아질 것 같은 날씨다. 이곳 밴쿠버에서 듣자 하니 요즘 우리나라의 정치, 경제, 사회, 교육도 그렇게 쾌청한 기상전선이 펼쳐지고 있는 것 같지 않다. 무엇이 우리 대학인을 우울하게 만들고 슬프게 하는 것일까?

임기 중반부에 들어선 노무현 대통령은 국내외의 어려운 정국을 잘 풀어 보고자 나름대로 절치부심(切齒腐心)하는 것 같으나, 일부 측근들은 국민 복지나 나라의 안위보다는 자신의 치부에 골몰하는 치졸하고 부패한 모습을 드러내고 있고, 나라 안의 문제는 정쟁에 혈안이 된 여야의 갈등과 충돌 및 보·혁 세력 간 다툼에 밀려 제대로 해결책을 찾지 못하는 것 같고, 또한 행정부와 국회는 나라 밖의 문제를 대처하고 해결하는 데 약소국으로서 힘의 한계를 극복하지 못하는 것 같아 안타까움을 금할 수 없다. 이런 상황에서도 일부 정치인과 지식인 및 언론은 여전히 자신의 기득권 유지와 이익을 위해 상대편의 트집을 잡으면서 연신 비난의 화살을 쏘아 대기 바쁘다.

그런가 하면, 우리 경제는 북핵 문제와 고유가 및 불안한 환율시장 등으로 인해 올 2분기 수출이 급락하면서 경상수지가 악화되었으며, 정부의 임기응변식 부동산정책으로 인해 판교발 부동산 열풍이 수도권을 강타하고 있고, 경기하락으로 수많은 신용불량자들이 생겨나고 카드빚에 쫓겨 번번이 패륜적 만행이 발생하고 있고, 시장경제는 악화되어 상인들은 "장사가 안 돼 못 살겠다"고 푸념을 늘어놓고, 또한 오늘도 수많은 대졸자들이 일자리를 찾아 이곳저곳으로 헤매고 있는 실정이다. 정말이지 아직도 많은 서민들은 기본적인 의식주 해결을 위해 전전긍긍하고 있다.

현실이 이런데도 우리 사회는 여전히 원칙과 법보다는 변칙과 불법이 득세하고, 대화와 타협보다는 반목과 투쟁으로 소속집단과 개인의 이익과 권리를 추구하기에 급급하다. 집단이기주의는 극에 달하여 국가의 공권력마저 우롱하면서 나날이 극성을 부리고 툭하면 무슨 대회니 투쟁이니 집회니 운동이니 하면서 세(勢) 과시에 핏대를 올리고 있다. '사이비 정치꾼'은 이들의 목청과 핏대를 정략적으로 이용하기에 혈안이고, '날라리 기자들'은 '두들겨 패는 기삿거리'라고 군침을 흘리며 쫓아다니고 있다. 어리석은 백성만이 실익이 별로 없는 봉이나 엑스트라가 되고 있을 뿐이다.

이 와중에서 대학은 어떤 상황에 처해 있을까? 대학에 따라 사안의 경중과 차이는 있겠지만 정치, 경제의 불안정과 불확실성 속에 대학생들은 기대 반 우려 반으로 취업준비와 진학준비에 골몰하면서도 반전, 평화운동 전개, 등록금 인상 저지 투쟁, 인사전횡 및 예산유용 등과 같은 각종 대학 비리에 맞선 시위, 제자를 성희롱하거나 책무에 소홀한 무자격 혹은 무자질 교수 축출 데모, 학내 민주화 운동, 친일파 청산 등에 정의감을 불태우기도 하고, 교수들은 대학의 자율권 침해, 교수평가에

대한 부담감, 교수계약제 악용과 복직 문제, 구조조정으로 인한 신분 불
안, 연구비 오용 및 잘못된 연구관행, 인사 및 학사행정에서의 학연이나
인맥으로 인한 패거리문화 등에 분노와 갈등을 느끼기도 한다. 그리고
대학 행정가들은 대학의 생존과 직결된 정원 미충원 사태 해결, 대학 간
또는 학과 간 통폐합 및 구조조정, 대학의 경쟁력 강화, 경영난 타개를
위한 재정 확보, 총·학장 선출제도 개선, 대학의 의사결정구조 개선, 경
영의 내실화 및 투명성 확보, 특성화 및 세계화, 학·연·산 협동체제 구
축, 사립학교법 개정, 대학의 기업화, 이공계 활성화 등의 제 문제에 대
책을 수립하면서 자구책을 강구하기도 한다. 이런 상황에도 불구하고 교
육인적자원부는 3불정책 고수, 행·재정을 미끼로 한 대학구조개혁, 법
·의학전문 대학원 설립, 국(공)립대학 총장 간선제 법제화 등의 교육정
책을 일방적으로 추진하면서 대학 길들이기에 여념이 없어 보인다.

이 모든 일들이 우리 대학인과 희로애락(喜怒哀樂)을 함께하고 있다
해도 과언이 아니다. 뜻대로 잘 해결되면 안도의 기쁨을 느낄 수 있지
만 잘 안 되면 실망과 분노를 안을 수 있다. 이 실망과 분노가 우리들
마음 깊숙이 자리 잡게 되면 우울을 초래하고 급기야 슬픔을 잉태한다.

비 온 뒤 맑게 갠 화창한 날씨가 우리의 마음을 더욱 상쾌하게 하듯
모든 난제를 순리적, 희망적인 태도로 임한다면 우리에게 깃들인 우울함
과 슬픔은 구름처럼 사라져 '내일 날씨는 맑음'을 예보하지 않을까?

5

내가 겪은 대학 생활

필자가 대학 생활을 하던 지난 70년대는 공업화를 위한 국가경제 발전이라는 거시적 목표 아래 한편으로는 국가 주도의 경제발전계획의 연속적 실행을 위해 박차를 가하고, 다른 한편으로는 정치적 안정을 명분으로 삼아 박정희 정권이 헌법을 개정하여 국민의 인권을 유린하며 독재정치를 가일층 강화하던 시기였다. 따라서 정부는 국가 산업을 발전시키기 위해 인적자원 육성을 위한 교육 팽창을 도모하고 산업기반을 확충하는 데 매진하였고, 사회 풍조는 개인의 권익과 자유보다 국가와 단체의 목표와 기강이 우선시되고 있었다. 이러한 분위기에 편승하여 대학교육은 국가경제발전을 위한 핵심 동력원으로 인식되어 해마다 양적 팽창을 거듭하였으나 상아탑은 학문의 자유를 향유하는 것보다는 정치적 책략으로 강화된 독재정치와 반공이데올로기가 편만하고 있었다. 이러한 시대적 정서를 환기하는 의미에서 이 칼럼에서는 반공이데올로기 강화를 빙자한 정치권력이 대학 행정과 문화에 끼친 학원의 군사화 사례를 중심으로 필자의 경험담을 기술하고자 한다.

70년대 대학생들은 남북의 정치·군사적 대치 상황하에서 당시 군사독재정권의 강권으로 인해 국가보위를 수호하는 일에 군인과 더불어 일익을 감당하지 않을 수 없게 되었다. 대학마다 군대조직 단위의 군소 학군단이 설립되고 군사훈련을 가르칠 현역 군인인 교관이 배치되었으며 군사훈련과목인 교련은 필수과목으로 책정되었다. 그리고 학생들은 매 학기마다 1주일에 1번씩 흑백의 얼룩무늬가 박힌 교련복을 입고 의무적으로 거국적인(?) 군사훈련을 받아야만 했다. 간혹 기초 군사훈련을 받기도 했지만, 대체로 야외나 운동장에 모여 대충 전술이론을 듣거나 잡담과 오락을 하며 국가가 강제로 지정한 교과과정에 시늉을 내며 학점을 획득하는 것이 고작이었다고 해도 과언이 아니다. 강제로 군사훈련을 강요하다 보니 맹목적으로 앉아 있거나 책을 읽으면서 딴청을 부리는 학우가 대다수였다. 지금 그때를 돌이켜 생각해 보면, 대학생의 군사훈련으로 인해 국가안위에 얼마나 도움을 주었는지는 모르나 경제발전과 국가안보를 빌미로 한 군사 독재정부의 공권력이 황금 같은 젊은 시기의 귀중한 시간을 일부나마 강탈해 간 것 같은 쓸쓸한 생각을 지울 수 없다.

70년대 대학 생활을 하던 학생들에겐 필수적으로 매 학기마다 군사훈련 과목을 이수해야 함은 물론 신입생들에겐 머리카락을 군인처럼 짧게 깎고 일주일간의 입영 군사훈련을 받는 것이 의무적인 일이었다. 필자가 다니던 학교는 특정 종교를 신봉하는 종립대학이었던 관계로 북한산성 아래 위치한 '문무대'라고 일컫는 병영에 학생들을 입소시키는 것이 대학의 큰 '골칫거리'가 아닐 수 없었다. 일부 학생들이 종교적인 이유를 들어 살인적 행위를 도모할 수 있는 집총거부를 주장하며 입소를 강력하게 반대하였기 때문이었다. 대학 행정가들과 일부 교수들은 입영거부 학생들을 설득시키느라고 진땀을 빼기가 일쑤였지만 보수적인 신앙관을 지닌 몇몇 학생들은 입영거부 의사를 고수하여 대학의 입장을 난처하게 만들곤 하였다. 이러한 일부 학생들의 입소거부에도 불구하고 대부분의 학생들은 공권력에 순응하여 머리카락을 짧게 깎고 문무대에 입소하여 군사훈련을 마치고 학업을 지속하는 것이 관행이자 지론이었다.

　학문의 자유를 유린하며 상아탑을 병영으로 조성하던 무소불위의 박정희 정권의 국가 공권력은 결국 70년대 말 종식을 고하게 되었고 또 다른 군사정권을 잉태하게 되는 숙명을 안게 되었다. 이와 함께 교련복의 얼룩무늬는 일상복화되었고 최루탄이 교정과 길거리에 난무하게 되는 악순환을 거듭하며 1970년대 말 혼란을 재촉하고 있었다. 다행이랄까 불행이랄까 이런 70년대에 필자는 대학 생활을 하였다.

6

대학인이여, 청춘을 만끽하고 지성을 노래하라

대학의 젊은이들이여 청춘을 만끽하고 지성을 노래하라! 신록의 계절, 축제의 달을 맞아 대학 교정은 생기발랄한 젊음의 물결로 넘실거린다. 이른 봄부터 진달래, 개나리꽃과 함께 이라크로부터 날아온 매캐한 화약 냄새도, 만개한 벚꽃과 함께 중동의 전장을 진동하던 폭격 소리도, 봄철 내내 전국 곳곳에서 부르짖던 갖가지 반대와 투쟁의 목소리도 세월의 도도한 흐름과 자연의 마력에 밀려 지난 세월 속으로 아스라이 사라져 한갓 역사의 이야깃거리가 되고 말았다. 바야흐로 땅 위엔 신록이 넘치고 꽃향기가 만물을 매혹하는 5월이 도래하였다.

대학의 젊은이들이여, 인생의 5월을 맞아 그대들의 '젊음의 정원'인 대학에서 청춘을 마음껏 발산하라. 발랄하고 씩씩하고 패기 찬 모습은 그대들만이 향유할 수 있는 특권이다. 젊음은 한순간일 뿐 오래 지속되지도 않고 재생시킬 수도 없다. 단지 그대들만이 소유할 수 있는 특권이며, 그대들의 생(生)에서 단 한 번밖에 주어지지 않는 무엇과도 바꿀 수 없는 소중한 기회이다. 이런 소중한 특권과 기회를 함부로 아무렇게나 써 버리고 후일에 두고두고 후회하면서 아쉬움에 젖는 일이 없도록 하자. 그대들이여, '젊음의 정원'에서 참(眞)과 선함(善)과 아름다움(美)을 추구하고 사랑과 우정의 나무를 가꾸어 희망의 잎사귀와 낭만의 꽃을 피워 아름다운 인생을 가꾸는 데 최선을 다하자.

지금 그대들의 정원에 자리 잡고 있는 인생이란 시계탑의 시침은 5월을 가리키고 있다. 이 인생의 시침이 여름을 시작하는 6월을 가리키기 전에 그대들의 젊음으로 구가(謳歌)할 수 있는 여러 가지 일들을 마음껏 경험해 보라. 5월을 가리키고 있는 이 마법의 시침은 그대들을 일출의 장엄하고 황홀한 광경에 넋을 잃게도 하고, 한낮의 무더위에 시름을 잊게도 하며, 일몰의 아름다운 노을에 숙연함을 느끼게도 하고, 어스름한 박모(薄暮)에 깊은 사유를 초대하기도 한다. 또한 이른 봄 싱그러운 새싹과 화사한 꽃잎에 탄성을 지르게도 하고, 따가운 한여름 햇살에 풍만하고 탄력 있는 가슴과 어깨를 뽐내게도 하며, 아리따운 추색으로 물든 고운 단풍을 보며 심미감에 빠지게도 하고, 차가운 겨울밤 하늘의 찬란한 별빛을 보며 사랑을 속삭이게도 한다. 이런 심미적, 문학적, 종교적, 철학적 사유에 흠뻑 취해 보도록 하자.

어떤 젊은이들은 이 무슨 구세대의 케케묵은 이야기냐고 단숨에 무시해 버릴는지도 모른다. 발산파들은 어두컴컴한 밀실에서 자욱한 담배 연기와 현란한 조명 속에서 광란의 음악을 들으면서 취하도록 술을 마시고 정신이 혼미해지도록 춤을 추면서 젊음을 만끽하거나, PC파들은 컴퓨터 앞에 앉아 눈을 모니터에 고정시킨 채 시간 가는 줄도 모르고 채팅과 게임에 빠지거나 인터넷으로 온갖 유·무용한 자료를 접속하며 자신들을 디지털 세대라고 자부하면서 진보적인 여론 형성에 기꺼이 동참하는 것을 큰 보람으로 생각할는지도 모른다. 그런가 하면, 실속파들은 묵묵하게 책상 앞에 앉아 영어 단어를 외우고 전문 서적을 보면서 취업준비를 하고, 출세파들은 도서관이나 고시촌에서 주야로 젊음을 저당 잡힌 채 입신양명(立身揚名)을 꿈꾸며 법전을 암기하는 것이 젊음을 값있게 보내는 것이라고 생각할는지도 모른다.

　대학의 젊은이들이여, 이 모든 것이 청춘을 즐기고 젊음을 발산하는 방법임엔 틀림없지만, 혹시 미래에 대한 불확실성과 불안으로 이 순간을 즐기기 위하여 쾌락에 탐닉하고 소중한 젊음을 탕진하는 우를 범하는 일이 없도록 하라. '젊음의 정원'에서 한편으로 마음껏 노래 부르고 춤도 추면서 다른 한편으로 문학과 예술, 종교와 철학도 즐겁고 진지하게 이야기하자. 이 소중한 시기에 출세와 취업의 볼모가 되어 젊음과 낭만을 몽땅 저당 잡히는 어리석음을 범하지 말자. 푸른 나뭇잎과 만발한 꽃을 보고 뭇 새가 찾아와 즐겁게 노래하고 벌과 나비가 축제를 벌이듯이, 인생의 신록기(新綠期)에 젊음의 정원을 알뜰하게 가꾸어 문학과 예술, 종교와 사상이 구가되는 아름답고 풍요로운 삶의 수풀을 만들자. 만일 그대들이 이 시기를 값지게 활용하지 못하고 쾌락에만 몰두하여 청춘을 소진한다면, 가까운 미래에 그대들 인생의 나무에는 새가 찾아와 기쁘고 즐거운 노래를 들려주는 일이 드물거나 새소리조차 정녕 듣지 못하게 될는지도 모른다. 이 무슨 얼토당토않은 시대착오적인 생각이냐고 반문할는지도 모르지만, 설혹 그대들이 소아적(小我的) 내지 기능적 식자(識者)가 되어 돈과 권력의 조화(造花)로 그대들의 나무를 아무리 그럴듯하게 치장한다 하더라도 아름다운 자태로 감미로운 노래를 들려줄 꾀꼬리는 찾아오지 않을 것이다.

　대학의 젊은이들이여, 잠시라도 명상할 수 있는 틈을 내어 무엇 때문에 청춘을 만끽하고 지성을 노래해야 하는가를 깊이 생각해 보라. 그대들의 정원에 100퍼센트 발효시킨 청춘의 거름을 묻고 정성껏 지성의 나무를 심고 가꾸어 후회 없는 인생을 만들자. 지성의 나무에 진리의 열매를 맺게 하여 이 열매를 맛봄으로써 선(善)과 미(美)를 알도록 하자.

이를 통하여 나와 우리의 삶을 알차게 하고, 또한 자신과 가족, 이웃과
나라 그리고 지구촌을 위해 몸과 마음을 다하여 일할 수 있는 선량이
될 수 있도록 준비하자.

제2장

■ 과학과 학문

7
과학이란 무엇인가?(I)

　　몇 해 전 우리나라에서 전 서울대학교 황우석 교수의 줄기세포 논문 조작사건으로 인해 '과학'이란 용어가 대중매체를 타고 종횡무진 난무하면서 세인의 머리를 어지럽힌 적이 있다. 이를 계기로 과학이란 용어의 개념을 간략히 정리해 보았다. 도대체 과학이란 무엇인가? 과학적 지식이나 과학이란 뜻을 내포하고 있는 헬라(Hella)어는 *ἐπιστήμη*(episteme)로서, 어떤 일에서 얻는 기술이나 경험, 일반적인 지식이나 과학적 지식을 의미한다. 따라서 *ἐπιστήμη*(episteme)와 말, 진술, 언어, 담화, 진리, 사상, 이성 등의 뜻을 내포하고 있는 *λόγος*(logos), 이 두 단어의 합성어인 epistemology는 철학적 용어로서의 인식론이란 뜻 외에 "과학적 지식" 혹은 "진리를 파악하는 논리"의 의미를 지니고 있다.

　　그러면 과연 서구의 과학사적 관점에서 과학적 지식 혹은 과학은 어떻게 정의되고 있는가? Conant가 기술한 바에 의하면, 17세기 서구에서 출현된 경험철학 즉 근대과학은 추론적 사고, 연역적 논리, 실제적·경험적 실험의 세 지류를 통합한 산물로 정의되고 있다. 추론적 사유와 연역적 논리는 중세 시대(11세기-17세기 초) 유럽 학자들, 특히 신학이나 법학 또는 수학이나 논리학 분야에 의하여 일반적 관념에 대한 합리적 질서체계 정립과 논리의 확립을 위해 사용되어 왔다. 이러한 사유와 논리는 고대 그리스의 철학적 내지 수학적 아이디어를 다소 확장시킨 것으로 근대 실용과학, 즉 농학에서 물리학에 이르는 실제적 학문 분야에 경험과 관찰을 통한 연구방법을 활성화할 수 있는 이론적 토대가 되었다(참조: 필자의 칼럼, "진리탐구와 과학적 연구").

실로 과학의 두 중심이 된 축은 추론적 사고와 연역적 논리가 바탕이 된 논리적 합리성과 경험적 실험법이 중심이 된 실제적·실험적 관찰이다. 즉 과학은 논리적·경험적(logico-empirical)으로 특징지어지며, 논리적 사유와 경험에 의해 실증된 개념적 구조(conceptual scheme) 즉 이론(theory) 간의 관계를 이해하는 것이 과학을 이해하는 첩경이라고 해도 과언이 아니다. 그러나 과학을 올바르게 이해하기 위해서는 이러한 두 축을 형성하고 있는 실체, 즉 상식적 방법과 실제적·경험적 방법이 어떻게 다른가를 고찰해 볼 필요가 있다. 이러한 필요에 의해서 과학과 상식의 차이점을 몇 가지 예시하고자 한다.

(1) 과학이 조직적인 특성을 지니는 반면 상식은 조직성이 결여되어 있으며, (2) 과학은 개념적 실제나 이론적 조직을 갖추고 있으나 상식은 그렇지 않으며, (3) 과학은 표현상 정확성, 증명성, 이론 구축 등의 의미를 함축하나 상식은 그렇지 않으며, (4) 과학은 조직적·경험적으로 이론과 가설을 검증하나 상식은 이런 면이 결여되어 있으며, (5) 과학은 공공적으로 관찰될 수 있거나 검증될 수 있는 것에 관련되어 있으나 상식은 그렇지 않다.

이러한 차이점에서 드러나듯이 과학은 탐구 활동을 고양시키기 위한 도구로써 사용되어 왔으며 이를 통하여 이론적 구조가 체계화된 것이라고 볼 수 있다. 이런 관점에서 본다면, Kerlinger의 주장대로

과학은 크게 정적 견해(static views)와 동적 견해(dynamic views)로
대별될 수 있다. 전자는 조직화된 정보를 제공하는 활동으로서 관찰된
현상을 설명하는 방법이며, 후자는 과학자가 행하는 활동으로서 이론
을 발견하고 재현시키는 일을 뜻한다. 이러한 견해에 근거한다면 과학
의 근본적 기능은 크게 이론적 발달과 이로부터 연역된 실제적 가정을
관찰하고 검증하는 두 가지 일로 구성된다고 간주할 수 있다. 따라서
과학자는 일반적으로 논리나 연역적 사유를 근원으로 하는 합리적 접근
방식이나, 경험과 관찰이 근원이 된 경험적 접근 방식, 혹은 이 두 가지
방법을 공유한 혼합 방식을 사용하여 이론을 검증하고 정립하며 탐구
활동을 전개하는 과학적 연구자라고 말할 수 있다.

8

진리탐구와 과학적 연구(Ⅱ)

서구의 세계적인 수준의 대학들과 견주어 볼 때 오늘날 한국의 대학이 과연 진리를 탐구하는 데 열중하며 과학적인 연구를 충실히 실행하고 있는지 자문해 본다. 혹시 한국의 상아탑이 물신주의나 신자유주의 경제논리에 빠져 진리 추구보다는 실사구시에만 매달려 있는 것은 아닌지 반문해 본다.

'인간은 진리를 추구하는 존재'라는 명제를 부여한다면, 인간은 경험적 실제(經驗的 實際)와 논리적 사유(論理的 思惟)를 통하여 미처 알지 못하는 어떤 것을 알고자 하거나 불명확한 사실에 대해 보다 명확하게 이해하고자 지적인 활동을 도모하는 존재라고 귀결시킬 수 있을 것이다. 이러한 진리 추구의 본성에 따라 사람은 지식을 배우고 익히며 또한 이를 통하여 인간의 숭고하고 존엄한 가치 즉 진리를 추구하고 터득한다고 말할 수 있다. 인간에게 있어서 '지고(至高)의 가치'가 '진리탐구'에 있다고 간주할 때, 진리탐구는 일반적으로 각 개인의 직·간접적인 경험의 실제와 타인이 이룩한 정신적 산물에 근거한 과학적 연구에 의해 이루어져 왔다고 볼 수 있다. 이러한 진리탐구를 위해 합리적인 연구방법과 이론체계가 정립되고, 이 탐구체계는 시대 상황과 사조(思潮)

에 따라 각기 독특한 연구방법과 논리체계로 변천되고 발전되어 왔다. 그러면 도대체 우리가 일반적으로 알고 있는 과학이란 무엇이며 과학적 연구란 어떻게 이해하여야 할 것인가?

먼저 과학의 개념을 명확하게 이해하기 위해 용어에 대한 어원을 밝혀봄으로써 이에 대한 개념의 실마리를 찾아보고자 한다. 서구에서 '과학'이라는 용어의 어원이 언제 어디에서부터 출현하였는지는 정확히 알 수 없으나, 과학의 개념은 고대 그리스어와 라틴어에서 그 원류를 찾아볼 수 있다. 과학이라는 뜻을 담고 있는 영어의 "science"는 라틴어 "scientia"에서 유래된바, "scientia"는 지식 또는 기술의 개념을 포함하고 있으며, 이의 어간인 "scire"는 "알려고 하다" 혹은 "알려고 하는 것"이라는 의미를 내포하고 있다. 실로 라틴어 "scientia"는 헬라어의 "σοφία"(sophia) – 수공예 기술, 실제적 지혜, 건전한 판단, 지성, 지혜, 철학의 뜻을 내포하고 있는 단어 – 에서 그 맥을 찾아볼 수 있다. 이러한 어원적 함의(含意)에서 비추어 볼 때, 과학은 "알려고 하는 지식, 지혜, 기술 및 행위의 총합체"라고 요약할 수 있다.

그러면 서구의 과학사적 관점에서 과학적 지식 혹은 과학은 어떻게 이해되고 있는 것일까? 서구 학자들의 일반적인 정설에 의하면, 17세기 유럽에서 출현된 '경험철학'을 근대과학의 정초(定礎)로 간주하면서, 근대과학은 추론적 사고, 연역적 논리, 그리고 실제적·경험적 실험의 세 지류를 통합한 산물로 정의되고 있다. 추론적 사유와 연역적 논리는 중세 유럽 시대(11세기–17세기 초) 학자들, 특히 신학이나 법학 또는 수학이나 논리학 분야에서 일반적 관념에 대한 합리적 질서체계 정립 내지는 논리의 확립을 위해 사용되어 왔다. 이러한 사유와 논리는 고대 그리스의 철학적·수학적 아이디어를 다소 확장시킨 것으로 근대 실용과학 – 즉 농학에서 물리학에 이르는 실용적 학문 분야 – 에 경험과 관찰을 통한 연구방법을 활성화할 수 있는 이론적 토대가 되었다.

근대 서구 과학의 두 중심축은 추론적 사고와 연역적 논리가 바탕이 된 논리적 합리성과 경험과 관찰이 중심이 된 실제적·실험적 연구 활동이라고 말할 수 있다. 따라서 과학은 논리적·경험적인 특성을 지니며, 논리적 사유와 경험에 의해 실증된 개념적 구조라고 볼 수 있다.

"모든 학문 혹은 과학의 궁극적인 목적은 진리 추구에 있다"고 가정할 때, 자연현상에서 추정된 관계에 대하여 가설적인 명제를 체계적, 통제적, 경험적, 비판적으로 조사하고 분석하는 '과학적 연구'는 진리 추구를 위한 방편으로 간주될 수 있으며, 이러한 방편은 이론과 경험적 연구 및 관찰에 의해서 상호 순환적인 축을 형성하며 가설에 대한 체계적인 조사를 필요로 한다. 그러므로 과학적 연구는 진리탐구를 위하여 지식 발달에 필요한 이론적 체계를 구성하며 일반적인 개념, 가설, 원리나 법칙과의 불가분한 관계를 성립시키는 정신적 활동이라 볼 수 있다. 서구의 유수한 대학들이 그러하듯이 이러한 진리 추구를 위한 활동의 불빛이 밤늦도록 도서관과 실험실을 밝히고 과학적 연구에 대한 뜨거운 논쟁이 강의실을 달굴 때 한국의 대학도 진정한 진리탐구의 장(場)이 될 수 있을 것이다.

* 본 칼럼은 저자의 미발표 원고 「과학이란 무엇인가?」를 바탕으로 작성하였다.

9

학문의 모양과 색채

오늘 우연히 해묵은 서류를 정리하다가 모 학회지 게재 응모 논문 심사표를 보게 되었다. 벌써 몇 해 전의 일이 되었지만 당시 그 논문을 읽으면서 한편으로 놀라움과 다른 한편으론 허탈함을 느끼던 기억을 지울 수 없다.

논문심사 의뢰를 요청받고 논문을 받아 본 순간 제목부터 필자가 몇 년 전에 모 학술지에 게재한 논문과 아주 흡사하다고 생각하면서도 연구주제가 흥미롭다고 느꼈다. 깊은 관심을 가지고 진지하게 정독을 하기 시작했다. 이론적 배경을 기술하고 있는 5쪽에 이르렀을 때 눈에 익은 듯한 글귀들이 보였다. 각주에 첨언하는 것을 실수했겠지라는 생각을 하며 다음 페이지를 넘겼다. 다음 페이지는 온통 글투가 필자의 것으로 느껴지기에 각주나 후주에 인용표시가 있는가를 몇 번이고 살펴보았다. 그러나 어떤 인용 글귀도 찾을 수가 없었다. 7쪽에서도 한 단락이 그러했고, 8쪽에서도 그러했다. 다행이랄까 8쪽에서는 각주에 번호를 붙이고 필자의 논문을 인용했다고 한 군데 언급이 되어 있었지만 연도와 통권 번호가 틀려 있었다. 그 다음 페이지부터 요약 및 결론에 이르기까지 그 논문을 읽으면서 필자는 내내 불쾌한 심경을 가라앉히기 어려웠다. 영문 요약에 이르러 또다시 눈에 익은 문장이 들어왔다. 명백한 표절 행위를 놓고 어떻게 할 것인가 하고 한동안 고민에 빠졌던 기억이 선하다.

이론적 배경을 기술하면서 선행연구를 고찰하지 않을 수 없지만 타인의 글을 인용할 때는 직접이든 간접이든 인용방법을 명확히 밝히는 것이 학문하는 사람으로서의 도리이자 선행연구자들에 대한 예의라고 볼 수 있다. 조사(助詞)를 변화시킨다든지 주요한 용어를 조금 다른 뜻의 단어로 바꾼다고 해서 자신의 글이라고 볼 순 없는 것이다. 물론 학문은 무(無)에서 유(有)를 창조하는 것이 아니라 유(有)에서 다른 유(有)를 만들거나 변형시키는 것에 불과하다고 생각할 수도 있다. 그러나 학문의 궁극적 목적이 진리 추구에 있는 만큼 학문의 순수한 본질을 얕은 잔꾀와 요령으로 변질시키려 해서는 안 된다. 즉 흰 우유에다 딸기를 넣어 딸기 우유를 만들 수도 있고, 바나나를 넣어 바나나 우유를 만들 수도 있고, 초콜릿을 넣어 초콜릿 우유를 만들어 맛과 색깔을 약간 달리할 순 있지만 우유라는 본질은 변화시킬 수 없듯이 말이다.

이렇듯 같은 문장을 놓고도 내 글이냐 아니냐는 생각이 같은가 다른가의 문제가 아니라 타인의 글을 보고 그대로 베꼈느냐 일부를 도용했느냐의 문제라고 볼 수 있다. 어차피 학문적 행위란 우리의 선조나 선배들이 이루어 놓은 정신적·물질적 세계의 산물을 놓고 계승·발전시키는 것이다. 도서관에 키를 훌쩍 넘기며 겹겹이 쌓여 있는 무수한 장서들은 곧 우리 인류의 발자취이자 향기이며, 학문엔 왕도가 없다는 사실을 무언으로 입증해 주고 있는 증거물이다. 내 글이라고 자처할 수 있는 것도 엄밀히 따지자면, 다른 사람들의 직·간접적인 유·무형적 실체로부터 모방하거나 차용하면서 '내 것'처럼 변형시켜 고착화한 것이라고 볼 수 있다. 비근한 예가 될지 모르지만, 우뭇가사리를 얼마나 오랫동안 삶느냐 그리고 어떤 용기에 담느냐에 따라 묵의 색깔과 모양이 달라지듯이, 글 또한 내가 어떤 생각을 담고 그려내느냐에 따라 색채와 형태가 달라진다고 해도 지나친 말이 아니다.

　설혹 그렇더라도 형태가 다른 그릇을 준비하고 색상이 다른 물질을 준비하여 산물을 만들어 내는 과정만큼은 나 자신의 행위라고 볼 수 있는 것이다. 무릇 학문을 하거나 하고자 하는 사람은 적어도 이런 나 자신만의 행위만은 스스로 할 줄 아는 양식과 태도를 갖추어야 한다고 생각한다. 이것마저도 귀찮다든지 하지 않으려 한다면 학문의 길 대신 다른 길을 선택하는 것이 백번 나을 것이다. 적어도 학문을 하는 사람은 진리를 추구하고자 하는 충실한 도리를 지킴은 물론, 학문의 선배와 동료에 대해 정중한 예의를 갖추어야 한다고 본다. 우리 모두 학문을 어떤 모양으로 만들고 어떤 색채로 칠할 것인가를 깊이 생각해 보자.

10

학문의 꽃을 소망하며

푸른 잎사귀 사이에서 하늘을 향해 고개를 한껏 치켜세우고 있는 버찌도 이젠 하나둘씩 빨간 색조를 윤기 나는 탐스러운 검정색으로 물들이고 있다. 새봄 새 학기와 더불어 연백색·연분홍 색조를 띠고 찬란한 봄을 만끽하던 벚꽃도 한 학기가 마감된 이즈음 뜨거운 햇살에 봄직하고 먹음직한 조그만 열매가 되어 태양을 향해 씨앗을 영글어 가고 있다.

한 학기를 마친 현시점에서 지난 학기를 반추해 보는 것은 다음 학기의 알찬 준비를 위해서도 의미 있는 일이다. 학문을 탐구하고 전달하는 소임자로서 부여된 책임과 역할을 성실히 이행하였는지를 찬찬히 생각해 본다.

강의계획서는 요식적이지 않고 길잡이 역할을 할 수 있도록 충실히 작성하였는지, 강의는 강의계획서대로 성실히 이행하였는지, 평소에 많은 전문서와 전문학술지를 읽고 강의준비는 철저히 하였는지, 학회나 행사를 핑계로 결강은 빈번히 하지 않았는지, 특강이니 축제니 집회니 하며 정규 강의를 빼먹고도 보충 강의를 생략한 것은 아닌지, 습관적으로 5분이나 10분씩 수업에 늦게 들어가지는 않았는지, 수업은 열성을 다해 가르쳤는지, 학생들의 질문에 면박을 주거나 근성으로 응하지 않고 성실하게 답변하였는지, 수업시간을 다 채우지 않고 고의로 5분이나 10분씩 일찍 나오진 않았는지, 학생들이 제출한 과제는 항상 꼼꼼하게 읽고 피드백(feedback)을 해 주었는지, 학생들이 제출한 과제가 표절된 것인지 아닌지를 살펴보거나 구별할 전문적인 지식은 갖추었는지, 학생들을 아끼고 사랑하는 마음으로 대하였는지, 일부 학생들을 편파적으로 대하여 마음의 상처를 준 적은 없는지, 평가는 학자적인 양심으로 공정하게 하였는지를 자성하는 심정으로 돌이켜 본다.

학기를 거듭할수록 관행과 타성에 젖어 나태해지고 있는 것은 아닌지 자문해 본다. 박사학위를 취득하고 대학 강단에 첫발을 내딛던 때의 초심이 지금과는 얼마나 차이가 있을까? 매년 1만여 명 가까이 되는 사람들이 국내외에서 박사학위를 취득하고, 이 중 일부(약 20% 정도)만이 선택되어 '학문적 원더랜드'(the wonderland of academia)로 입성하게 된다. 이 과정이 공정한 게임을 통해서든 학연이나 인맥에 의한 연줄을 통해서든 일단 교수의 일원이 된다는 것은 일약 명예와 지위를 얻음은 물론 연구와 강의와 사회봉사라는 책무를 동시에 지게 됨을 말한다.

특히, 연구와 강의는 대학 교수로서 탐구와 가르침을 위한 필수적인 활동이다. 영국의 철학자이자 수학자인 화이트헤드(Alfred N. Whitehead)의 말을 빌리자면, "자유와 훈련은 가르치고 배우는 데 필수적인 조건"이라고 하였다. '자유'는 학문의 자유를 의미하고 '훈련'은 연구와 강의를 위한 과정을 의미한다고 볼 수 있다. '자유와 훈련'의 정도에 따라 자신에게 철저한 유능한 교수도 될 수 있고 자신에게 관대한 무능한 교수도 될 수 있으며, 학생들에게 신뢰받는 교수도 될 수 있고 학생들에게 불신받는 교수도 될 수 있다. 그러나 중요한 것은 '자유와 훈련'을 통하여 '학문의 즐거움'을 자각하는 일이다.

　매년 화려한 꽃으로 새봄을 시작하는 벚나무처럼, 나의 친애하는 학문의 동료들도 학문에 대한 크나큰 포부와 기대를 안고 학문의 원더랜드에 첫발을 내딛던 그날을 생각하며 매 학기마다 신선하고 화사한 '학문의 꽃'을 함께 피워 보길 소망한다. 그대들이 피우는 '학문의 꽃'은 '학문의 즐거움'이라는 또 다른 큰 선물을 가져다주리라 확신한다.

11

초록색 꽃은 왜 보이지 않는 것일까?

봄, 여름, 가을, 겨울 사철 동안 수많은 꽃들이 피고 지건만 왜 초록색 꽃은 눈에 잘 띄지 않는 것일까? 없는 것일까? 보지 못한 것일까? 형형색색의 갖가지 꽃들이 피는 요즈음도 초록색 꽃을 어디에서든 볼 수가 없다. 필자는 어린 시절부터 왜 초록색 꽃을 볼 수 없을까를 곰곰이 생각하곤 했지만 회갑에 다다른 오늘날까지도 완연한 초록색 꽃을 본 적이 없다. 그러면 초록색 꽃은 없는 것일까? 만일 없다면 왜 없는 것일까? 이 문제에 대한 명쾌한 답을 아직도 얻지 못하고 있다.

싱거운 물음에 연연하여 공연히 시간을 낭비한다고 생각할는지 모르지만, 이 질문은 묘한 자연의 섭리를 깨달을 수 있는 기회를 부여해 줄 뿐만 아니라 우리가 일상생활에서 해결하기 어려운 난제를 풀 수 있는 실마리를 제공해 주고 있다고 본다.

비근한 예로 우리나라 대학의 난제 중 하나인 '동종교배적 학문 풍토'를 들 수 있다. 역사적 사료에 근거할 때 '동종교배적 학문 풍토'의 초창기는 과거제도가 도입되던 고려시대 초기로 거슬러 올라갈 수 있다. 당시 과거시험관인 좌주(座主)와 이에 합격한 문생(門生) 간엔 부자(父子)관계에 필적할 만한 긴밀한 인간관계가 맺어졌다. 이러한 좌주문생 관계는 붕당이나 학벌을 조성함은 물론 입신출세를 위해 상부상조하는 패거리 문화를 조성하게 되었다. 조선 개국과 더불어 조선왕조는 과거(科擧)를 핵으로 한 '학문적 패거리 문화' 타파를 주창하고 시도하였지만, 조선 중기에 이르러선 더욱 심화되어 고질적인 당파로 발전하고 급기야는 당쟁으로 비화되어 우리 사회의 고질적인 학문적 패거리 문화를 고착화하게 되었다.

패거리 문화의 폐단이 얼마나 극심하였던가를 조선왕조실록은 이렇게 기록하고 있다. "위로 공경서료(公卿庶僚)부터 아래로 일반 선비에 이르기까지 당을 갖지 않은 자는 없습니다. 그래서 자기와 당이 같은 자는 도와주고 당이 다른 자는 배척하여 일의 옳고 그름을 따지지 않고 오직 자기편을 무조건 돕고 반대편은 무조건 공격하기만을 일삼습니다" 이 실록은 또한 "비록 재주와 식견이 출중한 자가 있다 하더라도 저희 당 사람이 아니면 갖은 방법으로 배척하나, 설혹 행실이 용렬하고 학문적인 그릇이 작더라도 저희 당에 붙으면 모두 함께 추켜세워 반드시 벼슬에 오르게 한다"고 기록하고 있다.

이를 오늘날 우리 대학 사회와 비교해 볼 때 아주 흡사한 양상을 찾아볼 수 있다. 특히 소위 일류라고 일컫는 몇몇 대학에서는 신규 교수의 채용 과정과 임용에서부터 보직 선임과 진급에 이르기까지 자신과 사제지간, 선후배지간 혹은 같은 대학 출신이 아니면 동류의 패거리에 합류할 수 없는 것이 일반적인 관행이 되고 있다. 심지어는 학문적인 연구 활동에 있어서도 동류가 아니면 배척하거나 무시하는 것이 관례화되어 있다고 해도 과언이 아니다. '초록동색'(草綠同色)만이 기득권 고수를 위한 최선의 방책이며 '동종교배'만이 학문 유지를 위한 최상의 방법이라는 자아도취 내지 자가당착(自家撞着)에 빠지고 있다.

왜 꽃은 초록색을 띠지 않는지, 왜 코스모스는 빨강, 분홍, 흰 꽃을 피우는지를 한 번이라도 생각해 본다면 '학문의 동종교배'나 '학문의 근친상간'을 피해야 하는 이유를 알게 될 것이다. 또한 순종의 과수보다 접목된 과수가 더 먹음직하고 더 보암직한 열매를 맺는 이치를 깨달아야 할 것이다. 더구나 구미(歐美)의 '세계적인 대학'에서 교수를 채용할 때 왜 동종(同種)보다는 이종(異種)을 선호하고 단순한 학문적 배경보다는 다양한 학문적 배경을 더 선호하는지를 새겨보아야 할 것이다.

단지 자신의 기득권 고수를 위해서 혹은 향후 '안정된 학문 활동'을 위해서 자신을 적극 지지하고 떠받들어 모실 '순종파'를 끌어들이고 퇴임 후에도 자신을 보호하고 후원해 줄 '친위대'를 구성한다면 이는 자연의 이치에 역행하는 일이 아니겠는가. 식물이 왜 초록색 꽃을 피우지 않는 것일까? 필자의 짧은 소견이지만 대부분 식물들의 잎이 초록색을 띠고 있기 때문에 잎과 다른 색의 꽃을 피워 종족번식을 도모하려는 것이 아닐까?

만일 푸른 이파리에서 초록색 꽃이 핀다면 알찬 열매를 맺게 해 줄 벌과 나비를 현혹하는 아름다움을 띨 수 있을까? 우리의 대학인들이여, 진정으로 학문을 즐기고 사랑하는 사람이 되고자 한다면 초록 잎사귀에서 초록 꽃을 피우고자 하는 어리석음을 더 이상 계속하지 않길 바란다.

12

학문의 자유는 실종되었는가

오늘날 우리 대학에 '학문의 자유'는 존재하는가? '학문의 자유'란 '법이나 기관의 규칙 혹은 공공의 압력으로부터 부당한 간섭이나 제약을 받지 않고 지식을 가르치고, 배우고, 추구하며, 연구할 수 있는 교사와 학생의 자유'를 말한다. 우리나라의 헌법 제22조 1항에도 "모든 국민은 학문과 예술의 자유를 가진다"고 명시하고 있으며, 헌법 제31조 4항에도 "교육의 자주성·전문성·정치적 중립 및 대학의 자율성은 법률이 정하는 바에 의하여 보장된다"고 천명하고 있다. 또한 교육의 자주성과 전문성 보장은 교육기본법 제5조 1항에 명시되고 있으며, 동법 제14조 1항엔 교원의 전문성이 존중되어야 함을 언급하고 있다.

학문의 자유와 교육의 자율성과 전문성 보장을 헌법과 교육기본법에 명시하면서 동시에 고등교육법 제5조 1항에 "학교는 교육인적자원부 장관의 지도·감독을 받는다"고 정하여 제약을 두는 이중적 잣대를 들이대고 있다. 헌법에 명시된 교육의 자주성과 전문성 및 대학의 자율성마저도 법률이나, 각종 명령, 판례, 조약, 자치법규 등의 법원(法源)에 의해 직·간접적인 제약이나 구속을 받게 하고 있다. 따라서 우리나라 학교교육법 관련 법원(法源)은 '부당하지 않은 제약'을 명문화함으로써 학문의 자유에 대한 '실정법의 모호성과 흠결성(欠缺性)'을 드러내고 있다.

대한민국 정부 수립 이후 지금까지 교육부는 대학에 대하여 법률과 각종 명령의 이름으로 지도·감독권을 행사하며 수많은 간섭과 제약, 압력과 강요를 되풀이하여 왔다. 이로 인하여 대학은 자율과 자주라는 단어조차 망각할 지경에 이르렀고, 획일과 복종만이 아카데미아를 장식하면서 적당과 무사안일의 깃발만이 한동안 상아탑에 걸려 있었다고 해도 과언이 아니다. 많은 대학들 또한 경영과 관리 그리고 행정의 편의 아래 가시적 혹은 비가시적으로 교수와 학생의 권리와 학문의 자유를 억제하거나 침해하는 데 주저함이 없었다고 해도 지나친 말이 아니다.

다행히도 세계화 바람이 불어닥친 근자에 이르러선 국가 경쟁력 제고 혹은 고등교육의 질적 향상이라는 명목으로 대학의 자율성, 다양성, 특수성, 수월성, 전문성이 강조되고 있다. 이런 바람 덕에 지난날보다는 다소 사정이 나아졌다고 볼 수 있을지 모르나, 우리의 대학에 '학문의 자유'의 기본 원칙인 '가르침의 자유'(Lehrfreiheit)와 '배움의 자유'(Lernfreiheit)가 살아 있는지 엄정히 묻고 싶다. 더욱이 대학인 모두가 마음껏 '학문의 자유'를 향유하고 있는지 냉철히 묻고 싶다.

교수들은 그들의 지적 호기심을 야기할 수 있는 어떤 주제에 대해서도 자유롭게 탐구하고 있는지, 탐구의 결과를 학생들과 동료 그리고 다른 사람이나 매체에 자유롭게 발표하고 있는지, 이러한 탐구 자료나 과정 및 결론이 아무런 통제나 검열을 받지 않고 발행되고 있는지, 전문성을 가지고 타당한 방식으로 가르치고 있는지, 개인 생활에서 다른 사람들과 마찬가지로 모든 자유와 권리를 가지고 살아가고 있는지를 진솔하게 묻고 싶다.

그리고 학생들은 자유를 포함하는 기본권과 관련된 주제들을 마음대로 배우고 있는지, 이러한 것들에 대해 결론을 내리고 그들의 견해를 자유롭게 표현하고 있는지, 다른 사람들처럼 공통된 모든 권리와 자유를 즐기고 있는지를 솔직하게 물어보고 싶다.

친애하는 대학인들이여! '학문의 자유'는 언제나 우리들 가까이에서 뜨거운 손짓을 하고 있다. 이를 반기느냐 외면하느냐는 여러분들 자신에게 달려 있다. 그대들이 이를 맞이하여 자유를 만끽한다 할지라도 자칫 도를 넘어서 개인이나 집단의 이기적인 권익을 위해 오용되는 일이 있어서는 안 될 것이다. '학문의 자유'는 칼과 같아서 어떤 용도로 사용하느냐에 따라 우리의 영육을 보양하는 음식을 만드는 유용한 칼이 될 수도 있고, 우리의 육신을 상해하는 해악한 칼이 될 수 있음을 명심하자.

13

학술지 평가 유감

    대학의 세계화 및 질적 제고의 흐름에 편승하여 국내에서도 근년에 들어 부쩍 늘어난 갖가지 대학 평가와 함께 교수의 연구실적을 가늠하는 잣대로서 국내외 학술지나 학회지의 게재 편수가 중요한 지표가 되고 있다. 교수평가 항목에서 이 실적이 교수의 연구역량을 객관적으로 입증하는 척도가 됨으로써 결코 소홀히 여길 수 없게 되어 있다. 그래서 대학에서 강의와 연구를 하고 있는 사람이라면 누구나 이 문제에 신경을 쓰지 않을 수 없는 실정이다.

    국내에서 시행되고 있는 대부분의 각종 대학 평가에서 이 부문의 배점을 보면 국제학술지인가 국내학술지인가에 따라 현격한 차등을 두고 있다. 일반적으로 국제학술지는 계열별에 따라 A&HCI, SCI, SSCI에 등재된 전문학술지인가 그 외 외국 전문학술지인가로 구분하고, 국내학술지는 한국학술진흥재단[학진]의 등재학술지인가 등재후보학술지인가에 따라 구분을 짓고, 이를 다시 학진에 등재되지 않은 학회에서 발행된 학술지인가 그 외 학술지인가에 따라 배점을 다르게 하고 있다.

    그런데 이 기준이 과연 신뢰성과 타당성이 있느냐가 문제이다. 국제학술지만 하더라도 특히 인문사회계열의 SSCI나 자연계의 SCI가 이 분야의 권위 있는 국제전문학술지를 모두 망라하지도 대변하지도 못하고 있는 것이 사실이다. 그럼에도 불구하고 우리나라에선 SSCI나 SCI 등재 여부가 우수한 국제학술지를 판별하는 척도가 되고 있다. 국내학술지의 경우에 있어서도 등재학술지나 등재후보학술지라고 인정을 받고 있는 학회지가 과연 학술적으로 질적인 수준이 높은가를 짚어 볼 필요가 있다. 학술논문의 질은 우수한지, 편집위원들은 그 분야의 전문가로 구성되어 있는지, 논문 심사과정과 절차는 공정하게 이루어지고 있는지, 수정 절차는 형식적이지 않고 철저히 이루어지고 있는지, 편집상에서의 오류는 정확히 바로잡고 있는지, 영문 요약은 제대로 되어 있는지 등이다.

국내 학술단체에서 발행하는 학회지의 경우를 보면, 대부분 몇몇 특정대학 출신들이 논문편집위원의 주류를 이루고 있거나, 논문심사자들 또한 학회장이나 편집위원들과 인맥이나 학연으로 고리를 맺은 사람들로 채워져 있는 경우가 허다하다. 과연 학술논문의 공정한 심사가 이루어질 수 있는가를 의심할 수 있는 대목이다. 그리고 논문심사도 논문의 질적 향상을 도모하기 위한 건설적인 비평과 조언보다는 몇 줄 안되는 형식적인 코멘트 일색인 경우가 허다하다. 또한 발간된 논문에서 오탈자가 있기도 하고, 각주와 후주 및 참고문헌의 용례를 제대로 지키지 않는 오류가 나타나기도 하고, 참고문헌에선 일관성 없이 목록이 정리되어 있기도 하며, 영문 요약은 기본 문법 및 철자조차 맞지 않는 경우가 빈번하다.

설혹 연구내용이 아무리 좋더라도 논문작성법에 준하지 않고 쓰인 논문은 그 가치와 질이 반감되게 마련이다. 왜냐하면 학술논문이란 정해진 기술 양식과 기준에 따라 써야 하기 때문이다. 우수 국제학술지의 경우를 보더라도 좋은 논문일수록 내용이 충실함은 물론 원칙과 형식에서 벗어나지 않고 오류가 적게 마련이다.

앞에서 잠깐 언급하였지만, 학술논문을 심사하는 심사위원들이 그 대상 논문에 전문성을 지녀야 함은 말할 필요가 없고, 공정성을 위해 적어도 3인 이상의 각기 다른 학교 출신 전문가들로 구성되어야 한다고 본다. 대다수의 유명 국제학술지는 다양한 전문 학자들로 심사위원을 구성하여 철저하고 엄정한 'Peer Review'(동류 학자들에 의한 심사) 과정을 몇 차례 거쳐 우수한 아티클(articles)을 게재 논문으로 선정한다. 우스갯소리 같지만 우리나라 학계에서 학술논문의 우열은 이미 대학 명칭으로 결판난다고 해도 과언이 아니다. 즉 논문을 작성한 사람이 어느 대학 출신이며 어느 대학에 소속되어 있느냐에 따라 학술논문은 일류도 되고 이류도 되고 삼류도 된다는 말이다. 설혹 소위 이름 없는 대학 출신이거나 유명세가 낮은 대학에 근무하는 사람이 아무리 질적으로 훌륭한 학술논문을 발표하여도 그 논문은 세칭 일류대학 교수의 대강 쓴 논문보다도 인지도 면에서 낮게 평가받는 것이 우리나라 학계의 공공연한 일이다.

우리나라의 대학 사회에서 학술적 업적으로 평가되어야 할 교수의 질이 대학 명칭에 따라 혹은 연고에 따라 평가되고 있는 불합리한 폐단을 조속히 불식하지 못한다면 학문의 선진화 내지 세계화는 먼 나라의 이야기가 될지도 모른다.

14

훌륭한 학위논문은 어떤 것일까

어떻게 하면 훌륭한 학위논문을 쓸 수 있을까? 논문 작성은 학위 획득을 위한 마무리 과정이자 필수 조건이다. 근년에 이르러 대학원 학생 수가 급격히 증가하여 국내외에서 한 해에 박사학위를 취득하는 사람이 무려 만여 명에 다다르고 있다. 약 이십 년에 가까운 학업을 마무리하면서 누구나 유종의 미를 거두기 위해 기념비적인 훌륭한 논문을 쓰고 싶어 한다. 그러나 논문을 준비하는 과정에서 완성에 이르기까지 여러 가지 제약과 조건으로 인해 저자의 의도대로 잘 진행이 되지 않거나 마음에 차지 않아도 미흡한 상태로 마감을 하는 경우가 종종 있게 마련이다.

그러면 훌륭한 학위논문이란 대체 어떤 것이며 탁월한 논문을 쓰기 위해선 어떻게 해야 할까? 아쉽게도 대체로 대다수의 논문들이 난해한 주제나 통찰력이 부족한 내용으로 인하여 그동안의 학업에 대한 노력과 비용에 비해 가독성(可讀性)을 현저히 떨어뜨리거나 구독성(購讀性)을 거의 상실하고 있다. 이러한 저조한 가독성과 구독성은 통념적인 최종 학위에 대한 인지도와 가치성에 비추어 볼 때 측은한 생각이 들 정도라고 해도 과언이 아니다. 각 학문 분야의 특성에 따라 다소 차이는 있지만, 대다수의 학위논문들이 위의 두 가지 특성을 갖추기 위해서는 극히 일부 전문가만이 이해할 수 있는 전문영역의 난해한 어휘나 내용이 주류를 이루는 편협성을 떠나 일반인과 함께 지식을 공유하고자 하는 보편성이 수반되어야 한다.

그러기 위해서는 무엇보다도 논문 저자의 학문적 역량과 일반인의 관심사 그리고 진리탐구를 위한 열정과 통찰력이 논문 전반에 나타나야 한다. 훌륭한 논문이란 이런 요소들이 복합적으로 체현된 것을 말한다. 일반적으로 학위논문들은 정해진 틀에 따라 작성되어야 하며 일점일획이라도 그 정형에서 벗어나면 학위논문으로서의 자격과 가치성을 상실한다고 생각한다. 그러나 학위논문에서 가장 중요시되어야 할 것은 논문 저자의 통찰력이다. 논문 작성에 있어서 통찰력이란 '논문 주제의 참된 본질을 식별할 수 있는 능력'을 말한다. 그것은 폭넓은 경험과 깊은 사유에서 출현된다. 이런 통찰력이 논문 주제와 연관성을 맺고 연구문제가 논의되고 분석될 때 훌륭한 논문이 산출될 수 있다. 따라서 통찰력이 살아 숨 쉬지 않는 학위논문은 이미 출중한 논문이 아니라 해도 과언이 아니다.

일반적으로 학위논문을 쓰기 위해서는 다음과 같은 문제와 절차를 생각할 수 있다. 논문의 제목은 무엇을 선정할 것이며 지도교수는 누구를 선택할 것인가? 논문심사위원은 어떤 분야에서 누구를 선임할 것인가? 어떤 논문작성법과 연구방법을 이용할 것이며 어떤 절차로 진행할 것인가? 논문의 주제와 문제에 관련된 아이디어와 데이터는 어떻게 일깨우고 군집하며 조직할 것인가? 이를 위해서 얼마나 많은 시간과 비용을 투입해야 할 것인가? 초고의 가필 정정은 누구와 어떻게 할 것인가? 최종 논문심사를 위한 구두시험은 어떻게 준비해야 할 것인가?

이러한 일련의 학위논문 완성 절차에서도 논문의 특성을 결정하는 가장 중요한 요소는 주제와 연구문제의 선정이다. 주제는 논문 저자가 흥미를 가지면서도 가장 깊은 지식과 많은 경험을 갖고 있는 분야에서 택해야 한다. 연구문제는 논문 저자 자신의 인생 경험과 통찰력으로 전문성을 뒷받침할 수 있는 것이어야 한다. 이러한 조건이 선행되었을 때 비로소 논문은 생명력을 지님과 동시에 가독력(可讀力)을 갖출 수 있다. 생명력과 가독력을 지닌 논문이야말로 진정으로 훌륭한 학위논문이라고 말할 수 있다. 간혹 가독력은 없어도 생명력이 있는 논문은 우수한 논문이라고 말할 수도 있다. 그러나 생명력과 가독력 양자를 모두 갖춘 논문이야말로 진실로 빼어난 학술논문이 아닐까?

15

교육과 지식의 함수관계

지식은 교육을 통해서만 획득되는 것인가? 그렇지만은 않은 것 같다. 동서양의 어원에서 미루어 볼 때 지식은 교육뿐만이 아니라 물질적 및 정신적 세계로부터의 경험, 분별, 지각, 관찰, 숙고로 이루어진다고 볼 수 있다. 고대 희랍에서 지식과 지혜를 구별하지 않고 사용된 몇 가지 용어에서도 그러하다. 플라톤과 아리스토텔레스의 저서에서 예를 들자면, 인간의 정의(正義)나, 미(美) 그리고 선(善)에 관련된 실제적인 지식 혹은 지혜를 함의하고 있는 프로네시스(phronesis), 철학적 지혜를 뜻하는 소피아(sophia), 물질이나 기술 및 경험과 연관된 이론적 지식을 표방하는 에피스테메(episteme), 사회와 국가적 공동체 내에서 효율적인 인간관계를 도모하는 정치적 지혜를 나타내는 폴리티케(politike), 예술이나 기술 및 기능적 지식을 지칭하는 테크네(techne) 이다.

이와 같이 다양한 대상과 과정을 통하여 이루어진 지혜의 개념을 함의하고 있는 지식은 로마시대에 이르러선 더욱 다양하게 표현되어 지식과 기술을 지칭하는 시엔티아(scientia), 지력, 지각, 이념의 뜻을 포괄하는 인텔레겐티아(intellegentia), 실제적인 지식을 뜻하는 독트리나(doctrina), 경험적 지식을 나타내는 엑스페리엔티아(experientia), 인지(認知)를 뜻하는 코그니토(cognito), 지혜와 분별을 나타내는 사피엔티아(sapientia), 판단적 자각을 뜻하는 프루덴티아(prudentia), 사유적 숙고력을 포함하는 콘실리움(consilium) 등으로 표현된다. 특히 사이엔티아는 다분히 기독교적 사유와 결합되어 여러 가지로 분류된다. 천부적인 지식(scientia infusa), 습득된 지식(scientia acquisita), 경험적 지식(scientia experi-mentalis), 직관적 지식(scientia visionis), 단순 지성의 지식(simplicis intelligentiae), 필연적 지식(scientia necessaria), 본성적 지식(scientia naturalis), 자유로운 지식(scientia libera) 등이다.

헬라시대에 지식의 개념이 정신과 물질적 세계에 머물렀다면, 로마시대에 지식의 개념은 신적 및 인간적 세계를 포괄하고 있었다고 볼 수 있다.

서양과 마찬가지로 동양의 유교문화권에서도 지식은 교육뿐만 아니라 물질적 및 정신적 세계로부터의 경험, 분별, 지각, 숙고 등의 방법을 통해서 획득될 수 있다고 보고 있다. 그러나 지식은 앎을 통해서 얻을 수 있는 지(知)와 천부적인 슬기 혹은 지혜를 나타내는 지(智)로 구분되어, 전자는 앎과 가르침(敎) 혹은 배움(學)을 통해서 획득할 수 있는 학문적 덕목으로 본 반면, 후자는 인(仁), 의(義)와 함께 실행적 덕목으로 보았다. 『대학(大學)』에서 나타난 명명덕(明明德)의 격물치지(格物致知)는 학문적 덕목인 지(知)를 통하여 도덕적 경지인 수기(修己)에 이를 수 있음을 나타내고 있다, 이러한 지(知)는 배움(學)과 가르침(敎)을 통하여 얻을 수 있는 것으로 보았다. 『논어(論語)』에서 나타난 부단히 배우고(學) 익히는(習) 것은 교육을 뜻하고 있다고 볼 수 있다. 중국의 고전에서 가르침(敎)은 여러 가지 한자어와 결합되어 교육의 중요성을 나타내고 있다. 예로, 교육의 근본(敎本), 가르쳐 줌(敎授), 가르쳐 익히게 함(敎習), 가르쳐 지덕을 이룸(敎育), 가르쳐 깨우침(敎諭), 가르쳐 배우게 함(敎學), 가르쳐 타이름(敎誨), 가르쳐 착한 사람이 되게 함(敎化), 가르쳐 다스림(敎治) 등이다.

교학(敎學)에 근원을 두고 있는 동양과 마찬가지로 서양에서 교육의 의미를 담고 있는 고대 희랍어의 파이데이아(paideia)란 용어도 교학과 훈련, 문화의 개념을 포괄하고 있다. 이러한 교육의 의미를 라틴어에서는 강의와 배움을 통하여 인간의 가능성을 이끌어 내는 에루디티오(eruditio), 강의와 배움을 통하여 지식을 익히는 과정을 나타내는 독트리나(doctrina), 관습, 교육, 합의의 개념을 지닌 인스티튜티오(institutio)란 단어로 나타나고 있다. 이러한 교육의 뜻을 나타내는 용어는 교육적 절차와 과정 외에 윤리적, 사회적, 정치적인 제 현상을 포괄하고 있다.

위에서 기술한 것처럼, 동서양의 고전과 용어에서 함의하고 있는 지식과 교육의 관계는 일차적인 함수관계라기보다 교육은 지식을 획득하기 위한 통로이며 지식에 대한 부분집합이라고 말할 수 있다. 이런 관점에서 대학교육은 극히 부분적인 학문적, 기술적 지식을 가르치고 배우는 곳이라고 말할 수 있다. 따라서 우리가 일생 동안 필요로 하는 지식은 교육적, 윤리적, 사회적, 정치적, 문화적, 예술적인 총체적 현상을 학습, 경험, 분별, 지각, 관찰, 숙고의 과정과 절차를 통해서 획득되어야 한다. 교육이 인간의 잠재된 가능성을 배움(學)을 통하여 끌어내는 행위라고 가정한다면, 지식은 일생 동안 다양한 절차와 과정을 통하여 얻게 되는 소우주적인 인간이 필요로 하는 '물질적·정신적 세계의 총합체'라고 말할 수 있지 않을까?

제3장

■ 지식인, 교양인, 그리고 지성인

16

지식인과 교양인

대학교육 이상을 받은 사람을 우리는 흔히 지식인 혹은 지성인이라고 부른다. 그러나 교양인이라고 말하는 것은 주저하는 경향이 있다. 왜 지식인은 지성인 혹은 예지인(叡智人)이라고 말할 순 있지만 교양인이라고 떳떳하게 부를 순 없을까? 우리는 흔히 사람을 든 사람인가, 난 사람인가, 된 사람인가로 판별한다. 이 준거에서 본다면 지식인은 든 사람이고, 유명인은 난 사람이고, 교양인은 된 사람이라고 말할 수 있다.

교양을 사전적 의미에서 살펴보면, "가르치어 기름", "사회생활에서 이루어지는 품행", "학식을 배워 닦은 수양", "학식, 다식(多識)과는 달라서 일정한 문화 이상을 터득해서 그것에 준하여 모든 개인적 정신 능력의 통일적, 창조적 발달을 몸에 배도록 한 것"으로 풀이하고 있다. 이런 맥락에서 보면, 교양은 학식을 통해서나 일상적인 경험을 통해서 이루어지는 것임을 알 수 있다.

고대 그리스어에도 교양의 개념을 지닌 단어 '파이데이아'(*paideia*)는 '양육'이란 의미, '훈련과 가르침, 교육'이란 의미, 그리고 '교육의 결과, 학습, 문화'라는 의미를 포괄하고 있다. 또한 '게오르기아'(georgia)도 경작이나 수양 그리고 문화의 뜻을 지니고 있다. 고대 서양과 마찬가지로 고대 중국의 철학자인 순자(荀子)도 참된 인간을 위한 수양의 개념으로 '문화'(文化)라는 용어를 사용하고 있다. 고대 동서양의 용어에서 함의하고 있는 교양의 개념은 교육과 수양 및 문화의 복합적인 의미를 지닌 '복합적 문화이상체'(文化理想体)라고 말할 수 있다.

『논어』(論語)에서 공자는 '배움'(學)을 개인의 덕성과 인성의 균형적 발전을 위한 필연적인 도구로써 간주하고 있으며 '앎'(知)을 수기(修己)를 위한 중요한 요소이자 도덕적 이상인인 '성인군자'(聖人君子)가 되기 위한 필수적인 덕목 중 하나로 보고 있다. 고대 그리스의 철학자 아리스토텔레스 또한 '정치학'(*The Politics*)에서 '파이데이아'를 덕성의 실행을 위한 도구로 보면서, 교육이 선(善)과 미덕의 발전을 도모해 줄 수 있는 세 가지 요소―천성(*thusis*), 습관(*ethos*), 이성(*logos*)―와 밀접한 관련을 맺고 상호 조화를 이룰 때 '고매한 인물'(*kalos kagathos*), 즉 '신사'(紳士)가 될 수 있다고 주장한다.

동서양의 두 위대한 철학가들은 교육을 통한 지식을 강조하고 있지만 '든 사람'인 지식인보다는 덕성과 교양을 겸비한 '된 사람'인 교양인을 교육의 목표이자 개인의 목표로 삼고 있음을 알 수 있다. '난 사람'은 예체능계의 소위 '스타'와 같은 유명인보다는 지덕을 갖춘 공인으로서 국가와 사회를 위해 일할 수 있는 사람임을 추론할 수 있다.

대학교육을 받고 있거나 경험한 지식인들이여, 어떤 사람이 되길 원하고 또 어떤 사람이 되어 있다고 생각하는가? 지성인인가 아니면 교양인인가? 어쩌면 지성인마저도 되지 못하는 단순한 '기능적 식자'(識者)나 '소아적(小我的) 식자'가 되고 있거나 이미 된 것은 아닌가? 만일 그렇다면 하루라도 빨리 과감히 이런 식자의 틀을 깨고 이성을 추구하는 예지인(叡智人)이나 지덕을 추구하는 교양인의 길을 걷는 것이 어떻겠는가? 어느 길을 택할 것인가는 여러분들 자신에게 달려 있다. 만추의 계절을 맞아 기능적 정치 논쟁이나 이념 논쟁에 열을 올리는 소아적인 지식인에서 벗어나 예지적인 교양인이 되도록 노력해 보는 것도 의미 있는 일이 아닐까?

<h1 style="text-align:center">17</h1>

매미와 지식인

　필자가 살고 있는 이곳 밴쿠버엔 여름철이라도 매미 울음소리를 들을 수가 없다. 지금 이때쯤이면 한국에선 동이 트는 이른 아침부터 한밤중까지 매미의 울음소리가 삼림은 물론이고 도심의 아파트 숲마저도 가득 메우고 있으리라. 매미를 떠올리며 우리 지식인의 습성을 생각해 본다. 매미는 수년간 어두운 땅속에서 애벌레로 나무뿌리의 진을 빨아 먹으면서 얼마나 이날을 고대해 왔을까? 이런 모진 인고의 나날을 보상받기 위해 동트기가 무섭게 선잠에서 깨어 나와 날개를 세차게 비비며 한낮의 뜨거운 햇살을 재촉하고 있는 것은 아닐까? 여름 한철 동안 날개가 닳아 없어지도록 열심히 마찰하며 한없이 파열음을 토해 내는 것은 가을과 함께 전설 속으로 사라지는 짧은 생이 한스러워서가 아닐까? 툭 불거진 매미의 목피(木皮) 빛 눈망울에 추색이 감돌면 파열음을 내던 나래를 미련 없이 접고 아름다운 자태로 짧은 생을 마감하는 것은 한편으론 숭고하면서도 다른 한편으론 큰 아쉬움을 남기는 얼마나 허무한 일인가!

　몇 년 동안 땅속에서 입고 있던 허물을 벗고 나와 아름다운 날개를 단 매미는 더 이상 나무뿌리의 진액을 빨면서 나무를 괴롭히지 않고 고

사시키지도 않는다. 일단 찬란한 태양이 빛나고 시원한 바람이 솔솔 부는 바깥 세상에 나오기만 하면 오늘을 있게 한 한 그루 나무에만 연연하지 않고 이 나무 저 나무 이곳저곳을 찾아다니며 온종일 울음소리를 들려준다. 한여름의 햇살을 때로는 짜증스럽게 부추기기도 하고 때로는 시원스럽게 달래기도 하지만 인고의 시간과 노력을 헛되지 않게 최선을 다해 노래한다.

이런 매미에 비해 우리의 지식인은 어떨까? 십수 년 혹은 그 이상 동안 대체로 타자(주로 부모님)의 도움으로 학업에 정진하고 사회에 첫발을 내디딘 후 과연 우리 지식인들은 어떤 삶을 영위하고 있을까? 자신만을 위한 삶일까? 남과 더불어 사는 삶일까? 혹시 불충분한 준비로 인해 자신의 앞길 갈무리하기에도 벅차 헉헉거리는 생활을 영위하는 것은 아닌지? 얕은 지식과 기술을 가지고 사회적 약자를 외면하고 기득권자 혹은 권력자에 편입하거나 합류하기 위해 온갖 술수와 편법을 동원하며 안간힘을 쓰는 것은 아닌지? 혹은 사회적 약자를 위한다는 명분하에 각종 단체를 만들어 그럴듯한 이데올로기와 주장을 내세우며 자신의 권익 챙기기에만 급급한 것은 아닌지? 아니면 불합리하고 비정상적인 사회제도와 관습으로 인해 그동안 익힌 소양을 마음껏 발휘할 기회조차도 갖지 못하고 불만과 불평 속에서 좌절과 방황을 거듭하는 것은 아닌지?

그러나 매미가 주어진 여름 한철을 자신과 다른 대상을 위해 최선을 다해 노래하듯이, 많은 식자(識者)들은 제 갈 길을 찾아 충실한 삶을 영위하면서 자신과 가족 나아가 사회와 국가를 위해 갖은 애를 쓴다. 노파심에서 언급하지만 매미에게 한시적인 삶의 기간이 부여되어 있는 것처럼 우리 인간에게도 한정적인 생의 기간이 주어져 있다는 것을 항시 자각하고 있어야 한다. 만일 대다수의 범인(凡人)들이 한정된 시간의 끝을 굳이 생각하려 하지 않거나 이런 사실조차 망각하고 산다면, 매미가 그들에게 주어진 생의 기간을 깨닫지 못하고 한철을 실컷 울음소리만 내다가 단명으로 아쉬운 삶을 마감하는 행로와 무엇이 크게 다를 바가 있을까?

대학교육을 받은 소위 지식인이라고 자부하는 사람들은 한시적인 삶의 숙명을 겸허하게 수용하고, 항시 이 사실을 자각하면서 자신이 가진 식견을 자아뿐만 아니라 타인을 위해 사용할 줄 아는 삶을 살아야 할 것이다. 짧은 인생에서 부귀공명에만 눈이 어두워 서로 아옹다옹하면서 한 번밖에 부여되지 않은 삶을 오욕에 찌들게 하는 우를 범하지 말자. 삶이 우리 지식인들에게 배운 만큼의 보상을 가져다주지 않을지라도 섭섭해하거나 안달하지도 말자. 하루 하루를 나와 우리를 위해 충실히 살다 보면 언젠가는 우리 모두에게 기쁨과 행복이 찾아오리라는 희망을 가지자. 이 한여름에 잠시 여유를 가질 겸 매미 울음소리를 들으며 우리가 어떻게 살아가야 할지 생각해 보자.

18

한국의 대학 교수, 지성인인가 쥐성인인가?

바야흐로 찬란한 봄이다. 눈부시도록 아름다운 꽃들과 신비스러울 만큼 상큼한 새잎들이 봄의 교향악을 온 천지에 울려 퍼지게 하고 있는 놀라운 계절이다. 모질고 추운 겨울 동안 두터운 각질 속에서 혹은 차가운 땅속에서 오늘 이 순간의 아름다움을 피우기 위하여 얼마나 많은 인고의 세월을 보내면서 기다려 왔던가! 새봄의 주 전령사인 진달래와 개나리는 앙상한 가지에서 곱디고운 꽃을 피워 새잎을 트게 하지만, 벌과 다람쥐의 주 양식원을 제공하는 아카시아나무와 상수리나무류는 가지마다 싱그러운 잎사귀를 피워 훗날의 향기와 열매를 기다린다. 꽃을 먼저 피운 진달래와 개나리는 아름다운 색채를 과시하면서 벌과 나비를 유혹해 보지만 봄 시샘 추위에 이들은 날갯짓마저도 제대로 할 수 없어 참다운 결실을 맺게 하지 못한다. 반면에 잎사귀가 푸름을 더할 때 진한 향내를 발하는 아카시아꽃과 밤꽃은 뭇 벌과 나비의 향연으로 알찬 결실을 맺는다.

이러한 자연의 이치를 우리의 교수 사회에 비유해 볼 때, 혹자(之花性 교수)는 꽃을 먼저 피우려고 안간힘을 쓰기도 하고 혹자(之葉性 교수)는 잎을 먼저 가꾸려고 애쓰기도 한다. 양자 모두 나름대로의 노력과 인

내를 하면서 일정 기간 학문을 익혀 신임장(학위증)을 획득하고 대학의 문을 두드려 우리 사회 특권계급인 교수가 되었지만, 자신의 나무(학문)에 꽃과 잎을 피우는 시기와 열성은 각자 다르다. 식물에 따라 꽃과 잎이 피는 순서, 모양, 색깔이 다르듯이 학문이라는 나무의 모양과 크기도 사람마다 다르다. '지화성 교수'는 대학 사회에서 자신의 전공이라는 나무에 잎을 발하기도 전에 얕은 잔꾀와 가식적인 명분으로 꽃을 피워 권력과 금력 및 명예를 추종하는가 하면, '지엽성 교수'는 이러한 가식적 명분보다는 오직 자신의 나무에 꾸준히 적당한 거름과 물을 주면서 푸르고 싱싱하게 잎을 가꾸어 참다운 결실을 맺는 데만 몰두하기도 한다.

오늘날 우리의 교수 사회에서는 과연 어떤 유형이 바람직한 것일까? 소위 지성인 내지 지식인 집단이라고 일컬어지고 있는 교수 사회에서 학문을 신장하고 고양시키는 일은 도외시한 채 이기적이고 가식적인 명분으로 시류에 편승하여 권력과 명예를 좇는다면 참다운 지성인 혹은 지식인이라고 할 수 있을까? 만일 우리의 지성인 집단이 얄팍한 지식으로 현란하고 난해한 수사를 꾸미면서 일반인을 우롱하고, 시류에 따라 목청을 가다듬고, 권력에 눈을 반짝거리면서 부귀공명에만 귀를 기울인다면 과연 지성인이라고 혹은 지식인이라고 부를 수 있을까? 만일 그들이 권세의 명암에 따라 또는 이해득실에 따라 처신을 달리한다면, 반질반질한 두 눈을 굴리면서 귀를 쫑긋거리고 기회를 엿보며 먹이를 추구하는 노련한 '쥐성인'(다 큰 생쥐)이나 생쥐 같은 지적 속성을 지닌 '쥐식인'의 습성과 무엇이 다를 바가 있는가?

매번 정권교체기를 전후하여 많은 교수들이 갖은 명목으로 실세 가능 정당에 줄을 서고 이 중 몇몇은 고위 공직자로 발탁되는 행운(?)을 얻기도 하는 것이 다반사였다. 이번에도 이변은 없었다. 그들이 내세우는 대의명분은 최고의 지식인으로서 전문지식의 사회 환원 내지 봉사이다. 이름 하여 현실참여이다. 이런 명분하에 한편은 권력 실세에 줄을 서는 '정치참여', 다른 한편은 '권력 저항세력' 혹은 '권력 가능세력'에 줄을 서는 '시민운동'이다. 이들 모두가 전부 '지화성 교수'라고 볼 수는 없지만, 적어도 일부는 그렇다고 볼 수 있다. 만일 당신이 '지화성 교수'에 속할는지 모른다고 생각된다면 꽃을 먼저 피우는 진달래와 개나리의 속성을 잘 이해하고 자성의 기회를 갖길 바란다. 진달래꽃과 개나리꽃은 벌과 나비를 현혹하는 색채만 갖추었지 향기가 없을 뿐만 아니라 열매를 맺지 못한다는 점을 새겨 두길 바란다.

친애하는 교수들이여! 그대들이 진정 지성인 혹은 지식인으로 부름받기를 바란다면, '쥐성인' 혹은 '쥐식인'의 습성과 태도를 하루속히 과감히 버려야 할 것이다. 이런 생쥐 습성을 지닌 일부 교수들로 인하여 교수 집단 전체가 매도된다면 장차 우리 대학의 발전을 위해서도 정말 애석한 일이 아닐 수 없다.

19

장학과 유학의 만남

장학(獎學)과 유학(留學)은 필자의 학문 여정에서 볼 때 불가분의 관계를 맺고 있었다고 볼 수 있다. 학문에 대한 꿈을 이루기 위해 마흔의 나이에 가족과 함께 유학이라는 길고도 어려운 길을 걷고 있을 때 경제적인 곤란함을 극복하고 무사히 학업을 마칠 수 있도록 도움의 길손이 되어 준 것이 바로 장학금이었다. 비록 한 번도 만나 보지도 들어 보지도 못한 분의 이름으로 수혜된 숭고한 장학금이었지만, 이국만리(異國萬里)에서 외국인의 이름으로 수여된 장학금은 필자의 작은 소망을 이루는 데 큰 힘이 되었다. 지금까지도 나의 가슴속에서 그분의 이름과 함께 그분의 온정에 대한 감사함이 온건히 자리 잡고 있다.

만일 이 장학금이 아니었더라면 학업 연한이 오래 지속되어 경제적인 곤란함으로 인해 우리 가족 모두에게 어려움이 가중되었을 것이다. 다행히 이 은전으로 인해 무난히 학위과정을 마치고 국가교육정책기관에서 연구 활동과 대학에서 강의를 할 수 있는 기회를 갖게 되었을 뿐만 아니라, 학문을 탐구하는 연구자로서 많은 저서와 학술논문들을 국내외에 출판하고 발표하여 미력한 나의 학식이나마 인류 사회에 일조할 수 있게 되었다. 이 장학금이야말로 귀중한 한 알의 밀알이 되어 필자의 학문 밭에 깊이 뿌리를 내리고 있다.

비단 필자의 경우뿐만 아니라 장학 사업은 숭고하고 뜻 깊은 일이다. 더욱이 선교활동의 하나로 장학 사업을 펼치는 것은 한편으로 국가 사회에 기여할 수 있는 유능한 인재를 육성하는 값있는 일이며, 다른 한편으로 하나님께 봉사할 수 있는 충실한 사역자를 배출하는 숭고한 일이다. 뜻 깊은 정성이 한데 모여 학업을 성취하는 데 도움을 필요로 하는 사람에게 거름이 되어 소망의 꽃을 피우게 해 주는 것은 신이 인간에게 주신 온정의 선물을 나누는 거룩한 일이다. 이러한 사랑의 선물로 많은 사람들이 그들이 소망하는 꽃을 피워 하나님과 사회에 헌신할 수 있는 기회를 갖게 된다면 장학의 가치는 그 꽃의 심미함과 더불어 향기와 빛을 발하게 될 것이다. 장학의 가치는 숭고한 뜻과 더불어 그 정성이 아름다운 꽃을 피울 때 진정 더욱 찬란한 색조와 그윽한 향기를 가질 수 있다.

이러한 유종의 미는 장학기금이 순탄하게 조성 운영되고 뜻 깊은 정성이 필요 적절한 사람에게 전달될 때 이루어질 수 있을 것이다. 이를 위해서는 장학기금이 그 조성 목적과 사명대로 준행되어야 한다. 만일 해외목회자나 해외의료선교사 양성에 이 장학금을 지원할 계획을 세우고 있다면 장학 수혜자 선발과 지원금 배분에 더욱 신중을 기해야 한다. 미국이나 캐나다 대학에서 유학할 경우, 학비와 생활비가 만만치 않기 때문이다. 끝으로 중문침례교회 중문장학위원회가 중심이 되어 뜻 깊은 장학 사업을 활성화하여 아름다운 꽃을 피우길 바란다. 이 장학 사업이 하나님 보시기에 좋은 일이 되길 충심으로 기원한다.

— 위 칼럼은 대전 중문침례교회 중문장학지(2005년) 제2호에 게재된 기고문임을 밝힌다.

제4장

■ 유교적 가치와 한국의 대학

20

유교적 가치와 한국의 대학(I)

유교적 가치란 유교문화권 지역 사람들의 행위 양식이나 일의 목표 및 수단을 선택하는 데 영향을 주는 규범으로서 문화사적 요인에 의해 개념화 내지 구체화된 경향이나 신념으로 볼 수 있다. 유교적 가치는 어느 한쪽의 긍정적인 측면이나 부정적인 측면만이 있는 것이 아니라 음양적인 면이 병존하고 있다고 볼 수 있다. 서구 학자들이 보는 유교적 가치 혹은 아시아적 가치에 대한 견해는 유교의 정치윤리나 기본 원리에 근거한 논리라기보다는 유교문화의 부정적인 특성이나 일부 유교사회에서 파생된 현상에 준하여 평가한 것으로 볼 수 있다.

일례로 논어(論語)에서는 학문의 궁극적인 목적을 자신의 인격을 수양하여 군자가 되는 것에 두고 있으나, 역사적으로 볼 때 봉건시대나 심지어 현재에 이르기까지 학문은 입신양명의 도구로 화하여 관료 학자 양성이나 사회경제적 지위와 재화를 도모하는 수단이 되어 오고 있다. 유교적 가치가 이러한 양면성을 나타내고 있음에도 불구하고 아시아적 가치를 논하는 대부분의 서구 학자들은 유교사상의 본질을 투시하지 못하고 유교문화의 부면적 요인에 초점을 맞추고 있다고 평가할 수 있다.

유교적 가치에 대한 순기능과 역기능은 한국의 고등교육에 있어서도 양면성을 나타내고 있다. 학문을 숭상하는 유교적 가치는 교육열을 고취시켜 국가의 경제발전뿐만 아니라 급속한 고등교육의 팽창을 이루는 원동력이 되었으나, 과도한 교육열로 인하여 입시경쟁을 유발하고 사교육을 부추겼을 뿐만 아니라 사회적 불평등을 가속시키는 동인이 되었다. 전통적으로 우리나라에서 교육은 정치적 혹은 사회경제적 지위와 이권을 획득하기 위한 중요한 수단이었다. 물론, 명분상으로는 교육을 통한 인격 수양이나 학문 함양이 강조되었지만 실제로는 교육의 중요한 기능은 무엇보다도 관료 엘리트를 산출하는 것이었다. 일부 서구 학자들은 급속한 경제발전의 동인으로서 엘리트 관료의 지대한 역할을 논하고 있지만, 관료 집단의 극단적 이기주의와 연고적 폐쇄주의 및 관존민비 사상과 사농공상의 수직적 봉건신분체계에 기인한 권위주의는 부면적 기능으로 부상되어 서구 학자들이 일컫는 정실자본주의의 요인이 되고 있다.

이러한 요인은 유교문화의 특성에 속하는 정실주의나 연고주의와 연계되어 대학 행정이나 대학의 조직문화에서도 그 기능과 역할이 음양적으로 나타나고 있다. 긍정적 측면에서 볼 때, 정실주의는 온정주의로, 연고주의는 연대주의로 나타나고 있다. 온정주의는 우리나라의 대학 사회에서 행정가와 교수 간, 선후배교수 및 학생 선후배 혹은 상호 간의 인간관계를 정(情)으로써 친목과 화합을 강조하는 인정(人情)주의 문화를 심어 놓고 있으며, 그리고 연고를 기반으로 한 연대주의는 호의나 편애를 통하여 상호 간 학문적 이득이나 사회경제적 이권을 추구하는 동질적인 집단의 연대와 결속을 촉진시키고 있다. 그러나 대학 사회에서 정실주의나 연고주의는 이기적 가족주의나 이기적 공동체주의와 연계되어 부정적인 면을 노출시키고 있다. 특히, 한국의 고등교육에 있어서 대학 행정의 정실주의의 편만함과 폐쇄적인 조직문화는 파벌주의 내지 학벌주의를 조성할 뿐만 아니라 교수 임용과정에서도 불공정한 사례를 도출하면서 대학 간, 학문 간, 교수 간 파벌을 낳고 있다. 이로 인해 의사소통체계가 민주적으로 열려 있지 못하고 독선적인 권위주의와 정실주의가 대학 행정에 팽배해 있다. 이러한 독선적 권위주의와 정실주의는 합리적이고 투명한 대학 행정에 지장을 초래하고 있다. 우리나라의 대학이 국제적인 경쟁력을 갖추기 위해서는 유교 가치의 부면적 기능을 최소화하고 정면적 기능을 최대화하는 데 힘을 쏟아야 할 것이다.

21

한국의 고등교육과 유교적 가치(Ⅱ)

한국의 대학에서 유교적 가치는 순기능과 역기능의 양면성을 나타내고 있다. 학문을 숭상하는 유교적 가치는 배움(學)을 통한 수기치인(修己治人)이나 군자(君子)로서의 인격 함양을 위한 필수적인 유교의 덕목으로 강조되어 왔지만, 세인들이 학문을 하는 실제적인 목적은 정치적 권력과 사회경제적 지위와 특권을 획득 혹은 유지하기 위함에 더 큰 비중을 두고 있었다 해도 과언이 아니다. 혹자는 이러한 유교적 가치가 교육열을 고취시켜 국가의 눈부신 경제발전과 놀라운 고등교육의 팽창을 이루는 원동력이 되었을 뿐만 아니라, 학문(시험)을 통한 관료의 선발 관행이 엘리트 연대주의를 태동하여 국가 경제발전의 견인차 역할을 하여 왔다고 긍정적인 평가를 내린다.

반면에 혹자는 학문을 통한 입신양명의 가치관은 지나친 교육열을 유발하였고 이는 학력·학벌 사회화와 동병상련(同病相憐)의 관계를 맺으며 우리 사회와 교육에 갖은 부작용과 병폐를 야기하여 왔다고 부정적인 평가를 내린다. 특히 과도한 교육열은 극심한 학력 경쟁을 초래하여 공교육을 파행에 치닫게 하였음은 물론 학벌주의를 산출하여 사회의 계층화와 불평등을 가속시키는 동인이 되었다. 더욱이 학벌주의는 봉건적 관존민비 사상과 사농공상의 차별적인 신분제도에 근간을 둔 유학 엘리트관료의 집단이기주의 및 연고적 정실주의 전통과 결합하여 사회의 계층화와 불평등화를 심화시켜 오고 있다.

유학엘리트관료 집단의 속성으로 자리 잡은 정실주의와 연고주의는 대학 행정이나 대학 조직문화 면에서도 그 기능과 역할이 음양적으로 표출되고 있다. 순기능적 측면에서 볼 때, 정실주의는 온정주의로, 연고주의는 연대주의로 나타나고 있다. 온정주의는 우리 대학 사회에서 행정가와 교수, 선후배 교수, 학생 상호 간의 인간관계를 온정으로써 친목과 화합을 강조하는 인정(人情)주의 문화를 심어 놓고 있으며, 갖가지 연고를 기반으로 한 연대주의는 호의나 편애를 통하여 상호 간 학문적 호혜는 물론 사회경제적 특권과 이익을 추구하는 동질집단의 연대를 결속시킴으로써 상호 호혜주의를 도모하고 있다.

그러나 역기능적인 측면에서 볼 때, 정실주의나 연고주의는 소아적 기능주의와 이기적 가족주의 및 이기적 집단주의와 연계되어 부정적인 면을 나타내고 있다. 몇 가지 예를 들자면, 대학 행정에 있어서 정실주의로 인하여 의사소통체계가 민주적으로 열려 있지 못하고 폐쇄적이고 독단적인 조직체계가 형성되어 있을 뿐만 아니라 불공정하며 불투명한 교육행정이 자행되어 빈번히 사회적 물의를 유발하기도 한다. 그리고 대학 사회에서의 토론과 비판 문화의 부재를 들 수 있다. 정실이나 연고관계에 매여 있는 교수들이 많은 집단에서는 제자나 후배교수가 스승이나 선배교수의 학문적 이론이나 주장을 진솔하게 논쟁하거나 비판할 수 없는 것이 오늘날 우리 대학 사회의 일반적인 현실이다. 스승이나 선배교수가 그들과 연고가 있는 사람을 학문 활동뿐만 아니라 학사행정에 있어서 온정적으로 우대하거나 선처를 베푸는 반면, 제자나 후배교수는 스승이나 선배교수의 이론이나 주장에 대하여 비판을 삼가거나 자제하면서 그들을 전폭적으로 지지하고 순종하는 태도를 나타냄으로써 상호 호혜적인 '끈끈한 인간관계'를 맺고 있다. 스승이나 선배교수의 이론과 주장을 비판하는 것은 그들에 대한 예의가 아니라고 생각할 뿐만 아니라 자신의 장래를 위해서도 바람직하지 않다고 여기는 경향이 지배적이다. 이들은 상호 간 연고나 정실 관계를 돈독히 함으로써 암묵적으로 상호 이익과 권리를 공유하면서 공생공영을 추구하고 있다.

이와 같이 우리 대학 사회에서 유교적 가치는 정·부면적인 양상으로 나타나고 있다. 수직적 질서체계 유지와 상호 호혜적 인간관계의 양면성을 강조하는 유교문화의 특성으로 인하여 온정주의와 연대주의를 바탕으로 친밀감과 유대감이 돈독해져서 대학 행정, 조직의 유연성과 동질성을 추구할 수 있는 반면에, 부면적인 정실주의와 연고주의로 인하여 폐쇄성과 비합리성을 지향할 수도 있음을 알 수 있다. 특히 세계화와 지식기반사회화라는 시대적 조류에 편승할 수 있는 새로운 패러다임 정립을 위해서라도 우리 대학 사회에서 반유교적 가치인 독단적 권위주의, 소아적 기능주의, 이기적 가족주의, 폐쇄적 정실주의, 연고적 학벌주의를 조속히 불식시켜야 할 것이다.

— 본 칼럼 중 일부 내용은 저자가 「대학교육」(2003년) 122호에 기고한 「세계화와 고등교육의 아시아적 가치」에 게재된 논단과 저자의 미발표 원고 「유교적 가치와 한국의 대학」을 기초로 수정·보완하여 재인용하였음을 밝힌다.

22

대학인과 반전운동

만물이 활기차게 생동하고 있는 이 찬란한 계절에도 지구 저편에서 총포가 뿜어대는 화약 냄새가 지구촌 전체를 덮고 있다. 지금 이라크에서는 삶과 죽음이 교차하는 공포와 충격의 전운 속에서 승리를 갈망하며 피아간 군인들이 참혹한 전투를 벌이고 있는가 하면, 또한 생사의 갈림길에서 기아와 갈증에 시달린 어린이와 노약자들은 삶을 비참하게 절규하고 있다. 다른 한편에서는 전쟁 반대 시위가 지구촌 곳곳에서 폭탄처럼 치솟고 있다.

이러한 폭발적인 반전 시위는 우리나라도 예외는 아니다. 파병문제를 놓고 국회에서는 번번이 공전을 거듭하다가 며칠 전에야 비로소 투표로 파병을 결정하였다. 연일 반전 구호를 외쳐대며 파병 절대 반대를 주장하던 여러 시민단체들은 이번엔 몸싸움을 마다하지 않고 파병철회를 강력하게 주장하고 있으며, 대학가 또한 이에 뒤질세라 전쟁 반대와 파병결정 철회를 목청껏 외쳐대며 동맹 휴학 결의를 재촉하고 있다.

파병문제를 놓고도 찬성파는 한미상호방위협정과 국익 차원에서 어쩔 수 없는 선택이라고 주장하는 반면, 반대파는 '명분 없는 전쟁' 혹은 '침략전쟁'에 우리 젊은이들의 피를 흘리게 할 수 없다고 말한다. 정부는 이미 파병을 결단하였지만, 우유부단하고 기회주의적인 국회의원들은 국민들 눈치 살피기에 급급하여 국론을 제대로 정하지 못하고 차일피일 미루다가 겨우 며칠 전에야 파병에 대한 찬반투표를 결행하였다. 이런 미지근한 태도를 보이고 있던 입법세력과는 달리, 연일 가두에서 일부 노동단체와 시민단체 그리고 수많은 대학생들은 적극적인 반전운동 전개와 더불어 파병결정 철회를 격렬하게 외쳐대고 있다. 이러한 세력에 맞서 이들보다는 소수이기는 하지만 일부 전역 군인 단체들은 두 주먹을 불끈 쥐고 파병 찬성을 부르짖고 있다.

과히 혼란스러운 정국이다. 대학가에서도 전쟁 반대 학생 세력이 주축이 된 파병 반대 운동과 나아가 파병결정 철회시위는 급기야 일부 교수들도 동조하는 양상으로 치닫고 있다. 일반 소시민의 입장에서 볼 때, 전쟁을 찬성하는 세력과 중도 세력 및 다수의 전쟁 반대 세력은 여론을 주시하면서 침묵하고 있지만, 일부 전쟁을 반대하는 세력들은 평화운동을 명분으로 교실에서 평화교육을 실시하기도 하고, 가두시위를 하면서 몸싸움도 마다하지 않으며, 일부 세력은 삭발을 하면서 의중을 강력하게 전달하고, 일부 종교지도자들은 거리에서 종교의식을 통하여 반전운동을 주도하고, 일부 과격세력들은 미 대사관을 침입하고 맥도날드 간판을 파괴하기도 하면서 행동으로 그들의 주장을 나타낸다고 생각한다.

파병문제는 이러한 전쟁찬반운동과는 다소 다른 양상으로 전개되고 있다. 파병론자들은 전쟁을 찬성하지 않더라도 국가와 민족의 장래를 위해서 혹은 국익과 안보를 위해서 파병을 해야 한다고 주장한다. 파병반대론자들은 전쟁 반대와 마찬가지로 명분이 없는 침략전쟁이며, 차후 한반도 문제가 현안으로 부상되었을 때 북한을 공격할 수 있는 명분과 선례를 주지 말자는 것이 그들의 주된 주장으로 볼 수 있다. 일반 소시민이나 보통 대학인의 입장에서는 어느 쪽이 옳고 그른지, 또 어떤 결정이 우리나라와 국민을 위하는 것인지 나름대로 생각을 하고 있을 수도 있고 그렇지 않을 수도 있다.

그러나 무엇보다도 중요한 것은 현시점에서는 행동하는 자가 침묵하는 자보다 더 큰 힘을 발휘할 수 있다는 점이다. 설혹 전자가 소수이고 후자가 다수일지라도. 우리 역사에서도 소수의 권력자 혹은 목청 큰 자들이 다수의 일반 대중과 침묵하는 자들을 얼마나 무시하고 얕보아 왔던가를 잘 알려 주고 있다. 지금 이 시점에서 침묵은 미덕도 아니고 능사도 아니다. 침묵하고 있는 보통 대학인들이여, 과감히 자리를 털고 일어나 여러분들의 생각이나 뜻을 목청 높여 외쳐라! 소리가 잘 나오지 않으면 처음엔 작은 소리라도 내면서 점차 목청을 높여라. 그래서 상대와 주장을 조율하라. 처음에는 성부(聲部)가 다를지라도 점차 조율하여 다른 상대와 화음을 맞추도록 부단히 노력하라. 그래서 멀리서도 우리의 목소리가 잘 어울려 합창하고 있구나라고 생각될 수 있도록 양분된 국론을 하나로 조정하는 데 보통 대학인 여러분이 적극 참여하고 노력하기 바란다.

23

까치의 울음소리인가 꿩의 울음소리인가?

신록이 찬란한 햇빛을 받아 푸름을 더하는 요즈음 까치와 꿩의 울음소리가 더욱 크게 들리는 것은 무슨 연유일까? 필자의 연구실이 산자락에 맞닿아 있어서 신선한 바람을 맞아들이고 후덥지근한 실내 공기를 내보낼 겸 온종일 창문을 활짝 열어 놓을라치면 하루 종일 뭇 새들의 지저귀는 소리를 듣게 된다. 이른 아침 신록이 눈부신 금빛 햇살을 받아 황금빛 푸른색을 발할 땐, 까치나 꿩 같은 텃새 울음소리마저도 청량하게 들린다. 그러나 햇살이 잎사귀에 무르익는 오후가 되면 때때로 뭇 텃새들과 산새들이 서로 지지 않으려는 듯 한꺼번에 울어대는 바람에 귀가 따가워 도저히 참을 수가 없어 무더위에도 불구하고 실내 창문을 닫아 놓는 경우가 종종 있다. 같은 새소리라도 시간과 장소 그리고 지저귀는 방법과 듣는 사람의 분위기에 따라 이렇게 다른 느낌을 줄 수 있다.

요즈음 우리 교육계를 보면, 한꺼번에 온갖 울음소리를 경쟁이라도 하듯이 토해 내어 산기슭을 소음이나 잡음으로 가득 채우는 막무가내식의 속 좁은 텃새들과 산새들처럼 가히 듣기에 참기 어려울 정도로 정말 가관이다. 교육행정정보시스템(NEIS)을 놓고 교육계는 '패권다툼'이 치열하다 못해 비열할 지경이다. 처음엔 전교조와 교육부 간 힘겨루기 끝에 타협이 되는가 싶더니 교육부가 인권위의 결정에 순응하지 않고 전교조와의 약속을 일방적으로 파기함으로써 상호 간 반목의 골만 깊어지고 교단 갈등만 더욱 증폭되고 말았다. 이번엔 전교조와 교육부 간의 단순한 정보인권침해에 대한 교육정책시행의 갈등 문제에만 국한된 것이 아니라 교원단체 간 분열과 극한적 대립, 각종 시민사회단체 및 노동단체까지 가세한 사회체제 전반의 대결, 여야 정당 간 정략적인 대리전 양상, 교육부를 위시한 예하소속기관 및 일선 교장·교사들의 집단적 반발 사태로 치닫고 있다.

지난 '국민의 정부' 이래로 '전자정부 구현'이라는 국가정책하에 교육부 관료와 일부 행정편의주의자들의 주도로 막대한 국가 세금을 투입하여 선량한 국민을 따돌린 채 은밀히 교육정보화를 추진해 왔다. 이름하여 한쪽에선 '나이스'라고 칭하기도 하고 다른 한쪽에선 '네이스'라고 부르기도 하는 교육행정정보시스템이다. 굳이 인권위에서 밝힌 '인간의 존엄과 가치, 행복추구권, 사생활의 비밀과 자유를 침해하는 부분'을 들먹이지 않더라도 일부 항목은 인권침해소지가 명백함은 말할 나위가 없다. 현재 우리나라에서 개인정보유출이나 인권침해에 대한 법적·제도적 보호나 감시체계가 미흡한 상태에서 인권침해소지가 있는 개인정보를 정부기관과 다수의 기득권집단들이 전산화하려는 것은 '반국민적·반인권적 행위'라는 비판을 받을 수 있다. 인권침해소지를 방지할 수 있는 '개인정보보호법'과 같은 법적·제도적 장치를 마련한 후, 정보화를 추진하여도 늦지 않다고 본다.

현행 학사업무나 앞으로 닥쳐올 입시업무에 차질이 올 수 있다는 핑계로 엄연히 학생과 학부모 및 교사에게 인권침해소지가 있음에도 불구하고 왜 정부와 기득권 세력은 교육행정정보시스템을 강행하려고 하는가? 단순히 행정편의를 위한 것인가, 아니면 국가공권력의 맹목적 과

시인가, 이것도 아니라면 보수집단들의 정치세력화의 서곡인가? 이들도 처음엔 NEIS에 인권침해소지 항목이 있다는 것을 시인하지 않았던가?

전교조의 대처 방식 또한 '반국민적·반교육적 행태'라는 비판을 면키 어렵다. 진정으로 학생과 학부모를 위하고자 하는 '참교육자 집단'이라면 사소한(?) 몇 가지 전산 입력항목에 목청을 높여 수업을 거부하면서까지 연가 투쟁을 벌이겠다고 위협하지 말고, 대학입시제도 개혁이나 학벌주의 타파 같은 보다 큰 문제에 학생과 학부모의 인권을 주장하면서 그들의 권리를 옹호해 주기 바란다. 정말 그대들이 한국교육의 참신한 개혁을 바라는 혁신적인 교원단체라면 '사이비 정치꾼'이나 하는 국민의 이름으로 행하는 '어설픈 짓'을 자제해 주길 바란다.

진정으로 우리 교육계가 국민을 위하는 참교육을 실행하고자 한다면 더 이상 반목과 대립으로 교육 현장의 혼란을 가중시키고 교단 분열을 야기하여 교육의 장을 파국으로 몰고 가려 하지 말고, 교육자적 양심에 따라 대화와 타협으로 이 난제를 선량들이 피해를 입지 않는 방향으로 해결해 주기 바란다. 더 이상 공권력이나 세력집단의 이름으로 '그 잘난 힘'을 과시하면서 국민을 불안에 빠뜨리지도 말고 잦은 '말 바꾸기'로 선량한 국민을 속이거나 우롱하지 않길 바란다.

까치나 꿩 같은 텃새들도 자신만이 산기슭을 독차지하겠다고 서로 목청을 돋우면서 양보와 타협 없는 '울음소리 경쟁'은 지속하지 않는다. 이젠 웬만큼 힘도 겨루어 보고 목청도 실컷 높여 보았으니 서로가 타협할 때가 되었다고 본다. 언제까지 '반국민적·반교육적·반인권적 작태'를 부리면서 듣기에도 지겨운 가시적(假視的)인 '울음소리 경쟁'을 지속할 것인가! 선량들은 이젠 까치의 울음소리도 꿩의 울음소리도 제발 잠잠해지기를 바랄 뿐이다.

24

남존여비의 망령과 성폭행

　근간에 대중매체를 통하여 우리나라에서 장소와 대상을 가리지 않고 여성을 비하하고 여성을 대상으로 한 성희롱, 성폭행 및 성추행 사건이 연이어 발생하고 있다는 불미스럽고 낯 뜨거운 소식을 빈번히 접하고 있다. 성범죄 처벌방안과 청소년성보호법이 우리 정부와 국회에서 공전을 거듭하는 동안 초등학생 여아 성추행 및 살해사건이 일어나고, 30대 남자가 연쇄 성폭행을 저지르고, 현역 군인이 초등학생을 상습적으로 성추행하고, 남성 교도관이 여성 재소자를 성폭행하는 인면수심(人面獸心)의 부끄러운 일들이 발생하였다.

　그런가 하면 우리나라에서 제1 야당의 3선 의원으로 중책을 맡고 있던 검사 출신 아무개 국회의원이 소속 일부 당직자들 및 모 주간(主幹) 언론사 일부 임직원들과 함께 한 심야 술자리에서 언론사 여기자를 성추행하는 사건이 일어났다. 이러한 정언유착(政言癒着)의 부적절한 만남과 몰지각한 정치인의 파렴치한 추행으로 인해 이 사건은 정치쟁점화하고 파문이 날로 확산되고 있다. 더욱 놀랍고 가당치 않은 것은 술에 취해 음식점 여주인인 줄 알고 성추행을 했다고 실토한 사실이다. 그가 궁여지책으로 변명 삼아 내뱉은 이 말 속엔 케케묵은 조선왕조 시대의 부면적 가치인 남존여비(男尊女卑)와 직업귀천(職業貴賤) 사상의 망령이 살아 숨 쉬고 있음을 부인할 수 없다. 더욱 놀라운 일은 이 국회의원이 해당 지역구에선 한국가정법률연구소 동해지부 이사장직과 가정폭력 및 성폭력상담소 이사장직을 맡고 있으며 국회법사위원장을 지냈다는 것이다.

유교의 부면적 가치관이 활개를 치는 조선시대 수 세기 동안 우리 나라의 대부분 여성들은 출산과 가사의 책무에 올무를 씌운 채 학문의 접근 차단과 사회생활에 제약을 받으며 남존여비의 불문율을 신봉하고, 심지어 일부 여성들은 소위 학문을 익힌 관료의 노리개(官妓)가 되어 왔다. 유교국가인 조선왕조의 폐망과 더불어 반상(班常)제도가 타파된지 근 100년의 세월이 흘러 유교의 부면적 윤리 가치나 원리가 퇴색된 반면, 남녀평등을 구가하고 양성호혜의 권리 향유를 옹호하는 민주주의 국가 체제가 되었건만 아직도 우리 사회 곳곳에서 남존여비의 사시된 가치관의 타성에 젖어 여성을 비하하고 상품시 내지 유희시하는 그릇된 풍조와 작태가 만연하고 있음은 무슨 연유일까?

최근 극장가에서 조선시대 양반과 여성을 주제로 한 성(性) 유희적 퓨전사극의 열풍은 다소 과장된 표현일 수도 있지만 현재 한국사회와 한 국의 성인 남성들의 성에 대한 비뚤어진 갈망을 간접적으로 노출한 것이 거나 그대로 꿰뚫어 본 것은 아닐까? 영화는 대중의 흥미를 유발하기 위 해 성을 주제로 삼을 수 있을지도 모르지만, 우리 사회의 지성의 상징이 자 진리를 추구하는 학문의 전당인 상아탑에서는 결코 여성을 비하하고 성폭력과 성희롱 및 음담패설이 난무하는 곳이 되어서는 안 된다.

얼마 전 한국의 세칭 명문 사립대학교에서 강의 시간에 일부 몰지 각한 교수들이 여성을 비하하는 발언을 유머인 양 내뱉고 심지어 성희 롱과 언어 성폭력이라는 비도덕적, 비지성적, 비교육적 실언을 휘둘렀 다고 보도되었다. 우리나라 대학 사회에서의 성폭력, 성희롱 문제가 불거진 것이 어제 오늘의 일이 아니지만 이러한 비지성적 작태가 근절되지 못하는 이유는 무엇일까? 학문의 원더랜드에서 학문의 자유는 성폭력이나 성유희마저 보장하는 것이 아님을 깊이 자각하고, 더 이상 양성 불평등의 불건전한 문화가 온존할 수 없도록 대학 구성원 각자가 양성(兩性)에 대한 인식을 새롭게 하고 일반사회에 앞서 대학 사회가 솔선수범하여 양성평등교육과 성희롱 예방교육을 체계적으로 시행할 것을 권고한다.

그리고 우리 사회에서 성범죄 퇴치를 위해 이를 강력하게 처벌해야 한다는 인식이 팽배하여 공론화되고 있는 시점에서 남존여비의 망령이 되살아나 우리 사회에 난무하지 않도록 정부와 국회는 구체적이며 실질적인 성범죄 예방방안과 강력한 성범죄 처벌법안 및 효율적인 청소년성보호법을 조속히 제정하여 엄정히 시행할 것을 촉구한다.

25

한국 대학의 조직문화,
유교적인가 반유교적인가?

어느 집단이나 단체를 불문하고 그 조직문화를 형성하거나 창조하는 환경과 요인엔 여러 가지가 있지만 그중 조직문화에 가장 큰 영향력을 미치는 요소로서 지도자의 리더십(leadership)을 들 수 있다. 더욱이 대학의 조직문화는 대학 행정가의 지도력에 따라 새롭게 채색되기도 하고 변색되기도 하고 퇴색될 수도 있는 것이다. 봄에 새롭게 돋아나는 식물의 줄기 색상을 보고 장차 필 꽃의 색깔을 짐작할 수 있듯이 대학의 조직문화도 지도자의 특성, 행위, 리더십의 유형을 보면 그 색깔을 대강 파악할 수 있다. 기존 조직문화의 색채도 새로운 지도자의 리더십에 따라 달라질 수 있다.

그동안 우리의 고등교육은 외형적으로는 구태의연한 전통 한복을 벗어던지고 신식 양복을 입게 되었지만, 내재적으로는 대부분의 대학 행정가들이 유교적 신분사회의 전통과 유산을 탈피하지 못한 채 유교적 혹은 반유교적 가치관으로 대학을 관리하면서 대학의 조직문화를 있는 그대로 유지하거나 새롭게 창조하려고 노력해 왔다고 볼 수 있다. 지난 세기에 한반도의 남쪽 지역은 일본제국주의와 미군정 및 대한민국이라는 흙 갈이를 하였음에도 불구하고, 아직도 대부분의 고등교육 행정가들은 유교적 또는 반유교적인 봉건시대와 식민시대의 혼재된 가치관을 가지고 대학이라는 나무를 키우고 있다고 해도 과언이 아니다. 어느 가치와 특성이 유교적이고 어느 것이 반유교적이라고 명확하게 한계를 정하여 구분하는 것은 쉽지 않지만 몇 가지 예를 들자면, 상호 호혜성이 결여된 가부장적인 독재적 권위주의, 비합리적인 폐쇄적 정실주의, 소아적인 패거리적 연고주의는 유교적이기보다는 반유교적 내지 사이비 유교적 문화의 특성이라고 볼 수 있다.

우리나라의 고등교육행정에 편만하고 있는 대표적인 반유교적 특성은 위에서 언급한 독재적 권위주의, 폐쇄적 정실주의 그리고 패거리적 연고주의라고 말할 수 있다. 일방적인 권위주의적 관료체제로 인하여 대학의 민주화와 자율성은 구호에만 그치고, 패쇄적 정실주의로 인하여 밀실인사와 편파적인 행정체제가 구축되고, 패거리적 연고주의로 인하여 학벌주의와 학문의 종속주의가 야기되고 있다. 패쇄적 정실주의의 일례로, 한 연구에서는 대학 교수 선발과정에서 불공정한 임용 유형으로, 총장이나 학장 및 임원진의 일방적인 결정에 의한 비율이 24.3%, 현금이나 금품수수가 15.2%, 청탁이 6.5%라고 밝혀 우리 대학의 정실인사관행을 고발하고 있다. 그리고 한 안티학벌사이트에서는 파벌주의와 학문의 독과점 현상의 지표를 나타내는 국내 주요 3개 대학의 모교 출신 교수 비율을－서울대학교 95.6%, 연세대학교 80.3%, 고려대학교 60.1%－보도하면서 '학문의 근친상간'이니 '학문의 동종교배'니 하는 표현으로 대학 사회의 소아적 파벌주의를 신랄하게 질타하고 있다.

이렇듯 사이비 유교적 가치가 우리 대학 조직문화의 저변에 자리 잡고 있는 한, 문화사적 전환기를 맞아 세계화의 흐름에 뒤처지지 않는 새로운 대학상 정립이 절실히 요구되고 있는 우리의 대학이 새로운 조직문화를 창조하는 일은 결코 쉽지 않을 것이다. 필자는 포도과수원을 몇 년 동안 경영한 적이 있다. 이런 과수원 경영 경험에서 대학의 새로운 조직문화 창조를 위한 아이디어를 제시해 보고자 한다. 내년 포도농사를 잘 짓기 위해서는 수확을 끝낸 후 늦가을이나 초겨울에 지난해의 묵은 가지를 잘라 내고, 올 한 해 동안 건실하게 잘 굳은 가지를 골라 내년 봄에 푸른 새싹을 발할 수 있는 몇 개의 눈만을 남기고 가지를 전정(剪定)해야만 한다. 내년의 풍성한 수확을 위해서 묵은 가지를 과감히 잘라 내는 포도과수의 전지(剪枝) 작업처럼, 오늘날 우리의 대학 행정가들도 새로운 대학문화의 나무에 가까운 장래에 아름다운 꽃을 피우고 탐스러운 열매를 맺을 수 있도록 반유교적인 표피로 감싼 묵은 가지를 과감히 잘라 내는 작업을 감행할 필요가 있다. 묵은 가지에서는 새로운 포도열매가 맺히지 않는다는 간단한 자연의 이치를 깊이 명심해야만 한다. 상하 간 또는 주종 간 언로(言路)를 막아 대학 사회의 참여문화를 차단하는 독단적 권위주의, 대학 행정의 공정성과 비판 문화를 가로막는 폐쇄적인 소아적 정실주의, 학벌이나 파벌을 조성하여 차별문화를 조장하고 기득권을 옹위하여 학문의 동종번식을 도모하는 연고주의의 부면적인 가치를 지닌 반유교적 문화는 과감히 전정되어야 한다. 지금이라도 교육 관료와 대학 행정가들은 각 대학마다 지식기반사회에 부응할 수 있는 나름대로의 독특한 조직문화 창조를 위해 한국 고등교육에 남아 있는 반유교적인 묵은 가지를 잘라 내는 일을 조금도 주저하지 말아야 한다.

이제는 바야흐로 만물이 생동하는 봄이다. 지표는 따스한 봄볕을 받아 새로운 생명의 숨을 내뿜고 나무는 가지마다 초아의 숨 가쁜 봄맞이에 한창이다. 오늘날 반유교적인 가치와 문화에 젖어 있는 교육 관료와 대학 경영자들은 독단적 권위주의와 폐쇄적 정실주의 및 소아적 연고주의의 비민주적인 닫힌 조직체제에서 탈피하여 민본주의에 바탕을 둔 상호 호혜적이고 민주적이며 합리적인 열린 조직체제로 거듭날 것을 주장한다. 이들이 여론선도자(opinion leaders)나 변화촉진자(change agents)가 되어 누구나 의사결정과정에 직접 또는 간접으로 대학 행정에 참여할 수 있는 기회를 갖게 하고, 대화망을 구축하여 학문을 자유롭게 토론하고 교류할 수 있는 분권적인 열린 조직체제를 갖추어야 한다. 또한 대학 행정가는 한편으로 '도덕적 경영자'(moral managers)로서 반유교적인 대학 조직문화의 오염된 토양을 인본주의에 기초한 참된 유교적 토양으로 흙 갈이 하고, 다른 한편으로 '문화의 창조자'(cultural creators)로서 모든 구성원들의 마음 밭에 '학문의 자유'(academic freedom)라는 씨앗을 뿌려, 모두가 공생공영(共生共榮)할 수 있도록 '우리 대학'이라는 문화공동체(cultural community)의 건실한 나무를 가꾸어 민주적이고 합리적인 조직문화를 꽃피울 수 있게 해야 한다.

제5장

■ 대수술이 필요한 한국의 고등교육

26

대수술이 필요한 현행 교수임용제도

우리나라 대학의 교수채용 과정이 일반적으로 폐쇄적이고 공정치 못하다는 것은 대학가의 공공연한 비밀일 뿐만 아니라 번번이 각종 매체를 통하여 여러 비리가 보도됨으로써 일반인들에게도 널리 알려진 일이다. 지난해 교수신문과 하이브레인넷이 대학 교수직에 지원 경험이 있는 1,072명을 대상으로 실시한 교수임용 설문조사 결과에 의하면 응답자의 79%가 교수채용 과정의 불공정성을 토로하고 있고, 불공정한 임용 유형의 하나로 갖가지 명목이나 기부금 형식을 빙자한 금품요구가 16.5%에 이르는 것으로 나타났다.

교수채용비리의 전형적인 유형은 위에서 언급한 금품수수 외에도 총·학장 및 법인이사의 일방적인 결정, 연고나 정실에 연루한 청탁, 자격 미달자 채용, 정상적인 임용절차 무시, 채용공고와 다른 전공자 선발 등 다양하게 나타나고 있다. 무엇보다도 한심스러운 일은 상당수의 경우 미리 내정자를 '찍어 놓고' 감사용(監査用)으로 요식적으로 교수채용 공고를 하여 수많은 지원자들을 들러리로 내세워 그들에게 허탈감을 안겨 준다는 점이다.

위와 같은 비리 유형은 몇 년 전 교육부가 사립전문대를 대상으로 실시한 교수 신규임용 관련 집중 감사에서도 이미 밝혀진 바 있다. 당시 적발 사례의 경중에 따라 징계, 경고, 주의 조치 및 시정·개선 명령을 내렸음에도 불구하고 많은 대학에선 교수채용비리가 조금도 개선되지 않고 여전히 버젓이 자행되고 있다. 이들 대학에선 '내 사람 심기'와 재정난 타개책의 일환으로 일호(一毫)의 도덕률마저도 팽개친 채 교수채용에 온갖 편법과 반칙이 동원되고 정실과 인맥으로 엉클어진 독선이 난무하고 있다. 더욱이 '내 사람 심기 작업'엔 대부분의 대학들이 자신의 철옹성을 충실히 보위할 수 있는 '친위수비대'나 감히 자신의 자리를 넘볼 수 없는 '소심파(小心派)' 내지 '보신파(保身派)'를 내세우기 일쑤다.

무엇보다도 탁월한 학문적 자질이 요구되는 대학 교수직이 학문적 역량보다도 자신의 자리 지키기에 편안하고 자신의 학문적 활동에 울이 되어 줄 수 있는 순종적인(?) 사람을 채용한다면 우리 대학 발전은 물론 국가 경쟁력 제고 또한 요원한 일이 아닐 수 없다. 학문적 자질이 우수하거나 다양하고 이질적인 학문적 배경을 지닌 사람을 배척하면서 '자기 색깔'만을 고집하고 자신을 떠받들어 줄 수 있는 사람만을 채용한다면 학문 발전은 고사하고 세계적인 대학의 육성은 구호에 지나지 않을 것이다.

진정으로 대학의 질적 향상과 선진국가로의 도약을 원한다면 교수채용과정에 전문성과 공정성 및 투명성을 확보하여 학문적 자질이 우수한 인재를 확보하는 데 최우선을 두기 바란다. 이를 위해서는 전반적인 교수임용제도의 혁신이 선결과제이다. 무엇보다도 간소한 신청절차와 엄정한 심사과정의 확립이 필요하다. 먼저 신임교수 채용에 필요한 최소한의 제출 서류와 자료의 간소화가 선행되어야 한다. 학력과 경력 및 주요 연구 실적이 기록된 이력서와 교수지원신청서 및 대표적인 연구물

한두 편으로 1차 심사를 하고, 이에 통과한 사람에 한하여 학력과 경력 사항에 기재된 원본과 연구실적물 사본을 제출하도록 하여 면접 혹은 공개시범강의를 실시함으로써 2차 심사를 하며, 최종 면담으로 선발된 사람에겐 임용절차상 필요한 서류를 제출하도록 하여 응모와 심사에 불필요한 시간과 노력을 낭비하지 않도록 해야 할 것이다. 그리고 공정한 구성원으로 교수선발위원회를 구성하여 인맥과 학연 혹은 정실에 의한 편파적이고 독단적인 의사결정이 이루어지지 않도록 해야 할 것이다. 마지막으로 교수선발 후 최종 심사 결과를 지면에 공개하고 지원자가 심사 결과를 공개 요청할 경우 이를 제시하는 것을 의무화하도록 법제화하길 바란다.

현재와 같은 '눈 가리고 아웅식'의 교수임용제도 아래선 설혹 학문적인 역량이 탁월한 인재라도 '자기 사람'이 아니거나 '이질적인' 학문적 배경을 지니고 있다면 대학 강단의 문턱을 밟을 수 있는 기회조차 갖기 어려운 것이 현실이다. 우리의 교수임용제도, 이제 대수술이 필요한 때이다.

27

대학 시간강사, 밥인가 봉인가?

매주 한 번 대학에서 강의가 있는 날이면 강의 예정 시간보다 조금 일찍 도착해서 강의실 복도 앞에서 서성거리며 학생을 기다리는 것이 다반사이다. 강의가 주로 저녁 시간대라 수업 중에 허기라도 면하고 칼칼한 목이라도 축일 수 있도록 물 한 병을 사 들고 강의실을 찾는다. 물론 강사대기실이 있지만 모두가 다 객(客)이라 서먹서먹하기도 하고 앉아서 차분히 강의준비를 할 분위기도 아니어서 조금 일찍 강의실을 찾는다. 시간강사에 대한 배려와 강의실 분위기는 물론 대학마다 차이가 있지만, 시간강사들이 갖는 공통점은 대학이라는 공간적 개념보다는 강의라는 시간적 개념에 얽매여 있을 뿐만 아니라 대학의 주체로서보다 객체의 일원이라는 것이다.

현재 우리의 상아탑에서 시간강사가 과연 학문후속세대로서 응분의 대우를 받고 있으며, 또한 그들이 가까운 미래에 대학의 주체로서 강단에 설 수 있는 가능성은 과연 얼마나 될까? 먼저 금전적 대우에 대해서는 과히 일용 잡급 수준이라 보아도 지나치지 않다. 액면 그대로를 솔직히 밝히지 못할 만큼 강사료가 소액에 불과하다는 것은 대학가에 널리 알려져 있다. 그러면 강의자로서의 대우는 어떠한가? 이 대학 저 대학으로 전전하면서(그나마 이렇게도 할 수 있는 사람은 다행이지만) 한 학기 단위로 강좌를 떠맡는 소위 '떠돌이 지식 보부상'에 불과하다. 이는 시간강사를 다소 자조 내지 폄하한 면이 있다고 생각할는지 모르지만, 최고 학위 소지자로서 또는 전문 지식인으로서 전임교수와 시간강사는 보수와 대우 면에서 가히 하늘과 땅 차이라고 말할 수 있다. 대학마다 다소 차이는 있지만 동일한 강의 시간을 가르친다고 가정할 때 보편적으로 시간강사는 전임교수 임금의 1할도 채 받지 못한다.

만일 지식 수준이나 강의의 질적 수준이 이 정도의 차이가 난다면 차등대우가 합당하지만, 실상은 그렇지 못하다는 데 문제가 있다. 개인차에 따라 다르겠지만 시간강사의 학문적 역량과 열성이 전임교수와 동등하거나 오히려 능가하는 경우도 얼마든지 있을 수 있다. 그럼에도 불구하고 시간강사는 단지 전임교수가 아니라는 사실만으로 갖은 불평등 대우와 불이익을 받고 있는 것이다.

대다수의 현역 전임교수들도 시간강사 시절이 있었건만, 개구리가 올챙이 시절을 모르듯이 시간강사의 부당한 대우와 불이익에 "나도 다 그런 시절이 있었다네⋯⋯"라는 식이다. 오히려 한술 더 떠서 시간강사를 장차 전임교수 자리를 미끼로 마음대로 시켜 먹을 수 있는 '밥'으로 생각하거나, 값싼 강사료를 지급하고 많은 등록금을 걷어 들일 수 있는 '봉'으로 여기고 있다고 해도 지나친 말이 아니다. 일부 시간강사는 그나마도 이번 강의를 맡은 데 대해 감지덕지하면서 다음 학기 강의를 보장받기 위해 전임교수의 눈치를 살피며 비위 맞추기에 급급하다. 더욱이 사제지간이나 선후배지간일 때는 시간강사는 그들의 '밥'이라 해도 과언이 아니다. 만에 하나 그들의 눈에 잘못 보여 '그대는 아니야'라는 도장이 찍히는 날엔 장래 전임교수 자리는 고사하고 다음 학기 시간강사 자리도 얻지 못하게 되기 때문이다. 많은 기존 학문세대들이 이런 경험을 하고서 전임교수라는 '철밥통'을 차게 되었다는 것이 우리 교수 사회가 안고 있는 심각한 구조적 모순이며 병폐라고 볼 수 있다.

학문의 능력과 학자로서의 소양보다도 연고와 정실에 의한 시간강사 채용과 길들이기 과정을 거쳐 자신들의 '입맛에 맞는 충실한(?) 친위대'를 선발하여 그들의 기득권 세력에 편입시키는 관행이 우리 대학 사회에 팽배해 있다는 사실은 대학의 발전과 국가 경쟁력 향상을 저해하는 커다란 장애가 아닐 수 없다. 작년도 통계에 의하면, 우리 대학에서 시간강사 수가 전임교수 수를 능가하였으며 이들의 강의 전담률이 거의 40%에 이르고 있다. 대학원의 경우는 대학(학부)보다도 더욱 심각하여 시간강사가 약 절반에 이르는 강의를 전담하고 있다. 대다수의 우리 대학지도자들과 지식인들은 시간강사를 '밥'과 '봉'으로 여기면서 한편으로는 그들의 지식과 임금을 직·간접으로 착취하고 부당한 대우를 하면서도, 다른 한편으로는 어쩔 수 없는 관행이라고 당연시하며 양심의 소리마저도 외면하고 있는 것 같다.

정부 고위 교육 관료를 비롯한 대학 행정가와 교수들이여! 시간강사들을 밥이나 봉으로 여기지 말고 미래 학문을 이끌고 나갈 전문 지식인으로 생각하여 정당한 보수를 주고 부당한 처우를 개선해 주기 바란다. 그들을 어떻게 어느 정도로 대우해 주어야 하는가는 여러분들이 더잘 알고 있으리라 생각한다. 여태까지의 잘못된 관행의 틀을 깨고 이들을 후속 학문세대로서 또한 학문의 동반자로서 따뜻하게 인간적으로 포용해 주길 바란다. 놀랍도록 아름다운 계절을 맞아 시간강사들의 대우에도 놀라운 변화가 있기를 간절히 소망한다.

28

한국의 대학원 교육, 이대로 좋은가?

한국의 대학원 교육, 과연 이대로 좋은가? 많은 식자(識者)들과 고등교육 관련 당사자들이 이구동성으로 국가 경쟁력 제고를 위한 새로운 추진력으로서 대학원의 역할과 기능 혁신을 주창함에도 불구하고 조금도 진일보하는 기색이 보이지 않는 이유는 무엇일까?

최근 몇 년 동안 정부는 대학(원)의 연구개발 역량을 고양시키기 위하여 '두뇌 한국 21' 사업을 펼치고, 대학 정원 운영의 자율화를 점진적으로 촉진하고, 사이버 원격교육 시스템 확충을 지원하고, 나름대로 대학의 재구조화와 특성화를 유도하고, 고등교육의 국제화를 추진해 왔다. 이러한 정부의 노력에도 대학 당사자와 대학원 교육은 크게 달라진 것 같지 않아 보인다. 왜 그럴까? 정부의 교육정책 방향과 추진 전략 및 시책에 문제가 있는 것일까? 대학 행정가들이 스스로 변화의 촉진자나 여론의 선도자가 되기를 바라지 않아서일까? 교수들의 무사안일과 기득권 고수를 위해 급격한 교육혁명을 원치 않아서일까? 아니면 학생들의 '적당주의'에 온존한 안일한 사고방식과 우리 사회 깊이 뿌리박힌 '학력·학벌주의'에 기인한 '학력·학벌병' 때문일까?

　한국의 대학원 교육은 부단한 노력에도 불구하고 괄목할 만큼 변화가 이루어지지 않는 이유로 여러 요인이 있겠지만, 무엇보다도 고등교육 관련 당사자들의 변화에 대한 소극적인 태도와 현실 안주에 대한 안일한 인식이 주된 원인이라고 볼 수 있다.

　그동안 역대 행정부는 무소불위의 일방적인 힘으로 대학을 통제·감독함으로써 대학의 자율성과 다양성 그리고 특수성을 강탈하였으며, 불과 몇 달 혹은 몇 년 앞도 예시하지 못하는 교육정책입안가의 좁은 안목으로 인하여 교육정책이 일관성을 상실함은 물론 거듭되는 시행착오를 유발하였다. 국가의 공권력과 법 제도에 권한의 범위가 위축된 대부분의 대학 행정가들은 교육부의 눈치를 살피거나 비위를 맞추어 가며 교세 확장과 재정 확충에 급급하여 백화점식 학과 증설과 무분별한 입학증원을 부단히 시도하고, 입학전형 방법과 지원조건을 완화하여 학생 끌어들이기에 급급하였다. 그런가 하면 일부 교수는 느슨한 교과과정을 적당히 편용함으로써 대강 가르치고 적당한 점수를 주는 지략(?)을 익히는 한편, 각종 행사와 줄서기에 앞다투어 나아감으로써 적당히 연구하면서도 ‘철밥통’을 보존할 수 있는 교묘한 이치(?)를 터득하여 왔다고 볼 수 있다. 이에 편승하여 변칙과 요령에 능한 학생들은 쉽게 공부하면서도 사회진출과 출세에 도움을 주는 신임장을 손에 쥘 수 있는 확실한 방법을 전수하여 왔다 해도 과언이 아니다.

　이로 인하여 상당수의 대학원은 진리를 탐구하고 고도의 전문 지식을 익히는 최고의 학문 전당이 아닌, 아무나 등록금만 지불하면 들어갈 수 있는 소위 ‘숙박(석·박)기관’으로 혹은 대졸실업자의 ‘임시 대피처’로 전락되고 말았다고 해도 지나친 말이 아니다. 이들 기관의 대학 행정가들은 학생을 ‘돈 보따리’로 보고 ‘졸업장 병’에 걸린 학생들에게 학위증을 남발하기에 급급하고, 이런 대학의 교수들은 학생을 그들의

‘철밥통’을 지켜 주는 ‘파수꾼’으로 간주하여 학점 선심을 베풀며 졸업논문에 그럴듯한 서명(signature)을 아끼지 않음으로써 그 자리를 보존하고 있다고 볼 수 있다. 학생들은 한 학기마다 수백만 원이나 되는 거금을 지불하면서도 전공 분야 전임교수들로부터 다양한 전문지식을 배울 수 있는 기회 접근조차 용이하지 않을 뿐만 아니라 학위논문 작성 시 제대로 논문지도조차 받지 못하고 있는 실정이다. 그나마도 ‘학위증’이나 ‘졸업장’이 절실히 필요한 사람들은 부실한 커리큘럼이나 강의에 불평 한마디 하지 않고 학기마다 거금을 헌납(?)하고 있다. 이로 인해 한국의 대학원 교육은 파행을 치닫고 있으며 갖가지 잡음이 끊이지 않고 일어나고 있다.

혹자는 일반 대학원은 그렇지 않다고 말할는지 모르나 지도교수의 ‘종노릇’을 하는 일반 대학원생이나 부득이한 여러 사유로 인하여 특수대학원을 다니면서 거액을 정기적으로 헌납하는 딱한 대학원생이나 진리를 추구하기 위해 학문을 탐구한다는 측면에서 본다면 오십보백보라고 생각한다.

그러면 어떻게 해야 할 것인가? 대학원 교육의 제고를 위한 정책방안이나 추진전략은 여러 전문가들에 의해 이미 수차례나 제시되었다. 전문성과 지성을 겸비한 양식 있는 교육정책입안가나 대학 행정가 및 교수들은 그 해결 방법을 잘 알고 있으리라 생각한다. 이젠 옳고 필요한 방안을 선택해서 충실하게 이를 실행할 때이다.

29

한국의 대학원 교육, 무엇이 문제인가?

　　교육은 미시적 관점에선 개인의 지식과 기술을 신장할 수 있는 최적의 수단이며, 거시적 관점에선 국가의 인적자원을 극대화할 수 있는 최고의 투자임은 널리 공감하고 있는 지론이다. 특히 오늘날과 같이 고도의 지식과 기술이 요구되는 지식기반사회에서는 전문지식과 고도의 과학기술을 학습하고 창출할 수 있는 고등교육기관에서의 교육이 무엇보다도 중요하다. 지식기반사회 구축의 성공 여부가 세계화의 흐름에 편승하여 주도권을 잡을 수 있는가를 결정함은 물론 국가 경쟁력의 우위를 선점할 수 있느냐를 가늠하기 때문이다. 이런 맥락에서 우리의 대학원 교육이 고도의 전문지식과 과학기술을 습득하기에 적합한 제도와 구조 및 교육과정을 갖추고 있는지의 여부를 엄정히 진단해 볼 필요가 있다.

　　먼저 일반 대학원과 특수 대학원으로 이분화되어 있는 현행 대학원 교육제도는 미국이나 캐나다의 대학원 제도와 같은 일반 대학원과 전문 대학원 시스템으로 전환되어야 한다고 본다. 그리고 대학원의 일반화 및 전문화와 더불어 대학원 강사의 전원 전임교수화가 추진되어야 하고, 이와 함께 전공 분야에 따른 교육과정을 심화하고 석·박사학위

취득에 필요한 최소 학점 단위를 최소한 미국의 중위권 이상의 주립대학 대학원 수준으로 높여야 함은 물론 학위인증제를 도입하여 학위에 대한 질적 가치를 높이는 것이 급선무라고 생각한다.

현재 우리나라의 대학원, 특히 특수 대학원은 지식자산화 및 국가 인적자원 개발을 위한 전문 인력 양성기관이 아니라 최소의 용역과 시설로 최대의 재화를 벌어들이는 '고등학위 판매처' 내지 '고등학위 양산소(量産所)'가 되어 있다고 해도 과언이 아니다. 일반적으로 '적당한 사람'이 대강 가르치고 '적당한 학생'이 대강 배우고도 학위를 받는 곳쯤으로 알고 있다. 일부 대학원에 해당되는 일이긴 하지만, '적당한 사람'이라는 말은 전공 분야의 전임교수보다는 학연이나 인맥에 의해서 발탁된 전공 분야의 전문성이 결여된 교수나 각종 그럴듯한 명칭이 딸린 외부강사에 의해서 전공강의를 하는 사람을 일컫고, '적당한 학생'이라는 표현은 아까운 시간과 비싼 등록금을 내고도 비전문인 강사에게서 전공 과목을 대충 배우면서도 불평 한마디 제대로 하지 못한 채 정해진 학사 일정을 끝내고 학위증을 받고자 하는 학생을 말한다.

대학원에 전공 분야 전임교수가 없는 대학교가 대부분인 현실에서 학생들이 전문가로부터 전문지식을 배운다는 것 자체가 거의 불가능에 가까움에도 불구하고 우리의 대학원 교육은 학력주의 사회화에 힘입어 나날이 급속히 팽창하면서 고등학위 양산 경쟁에 몰두하고 있다. 이런 현실에서는 대학원 교육의 전문성 진작은 고사하고 지식강국 건설은 구호에 그칠 것이 뻔하다. 아무리 국고를 열어 '두뇌 한국 21'과 같은 연구활성화 사업에 거금을 쏟아부어도 애초부터 잘못 끼워진 단추를 바로잡지 않고는 국가 경쟁력을 고양할 대학원 교육의 수월성은 공염불에 불과할는지 모른다. 각종 국제학술지에 논문이 몇 편 게재되었다는 둥, '세계경쟁력연감'에서 나타난 대학의 국제경쟁력이 세계에서 몇 위라는 둥의 겉치레적인 숫자 놀음에만 집착하지 말고 진정으로 대학원의 수월성을 진작시키고 인적자원 강국으로의 도약을 바란다면 사시(斜視)가 된 현행 대학원 제도와 구조 및 교육과정을 과감히 바로잡아야 할 것이다.

　우리의 대학원 교육이 내실화를 기하지 못하고 형식화 내지 부실화를 심화시킨다면 사상누각(沙上樓閣)이나 오아시스의 신기루처럼 기반이 없어 곧 폐교되거나 착시를 유발하여 가까이 가면 실체를 잡을 수도 없는 간판만이 등걸한(?) 대학원만이 난무할는지 모른다. 하루빨리 대학원 교육 내실화를 위한 근본적인 제도 혁신과 문제점 개선이 필요한 시점이다.

30
지방사립대학, 한국 대학의 서자인가?

"사람은 나면 한양으로 보내고 말은 나면 제주도로 보내라"는 우리의 속담이 있다. 이런 속담 덕인지는 몰라도 정원미달 사태로 자구책을 구하느라고 동분서주하고 있는 많은 지방사립대학들과는 달리 대부분의 서울지역 소재 대학들은 대학의 살아남기 경쟁에서 무풍지대이다. 오히려 한술 더 떠서 소위 명문사립대학이라고 자처하는 서울지역 모 대학에서는 대학의 수월성 진작과 국가 경쟁력 제고를 위해 나아가 세계적인 대학으로의 도약을 위해 기여우대제 혹은 기여입학제를 실시해야 한다고 번번이 목청을 높이고 있다.

많은 지방사립대학이 정원 미충원, 재학생 이탈, 취업률 저조, 교수와 학생의 사기 저하, 재정 압박 등으로 위기에 직면하고 있는 이때, 일부 교육관료와 대학 행정가 및 연구자들은 국가 경쟁력 고양과 고등지식 창출을 위해 소수 '우량대학'이 그 역할을 충실히 할 수 있도록 국가가 재정지원을 확충해야 함은 물론 대학 스스로도 재원을 확보할 수 있도록 제도 개선을 해야 하고, 나아가 신자유주의 경제논리에 입각하여 대학 간 경쟁체제를 구축하는 것이 급선무라고 주장하고 있다.

이 얼마나 극명하게 판이한 현상인가? 지금까지 선발주자 격인 서울지역 대학은 수도권 중심의 경제발전과 인구집중에 힘입어 나날이 번창하여 온 데 반하여, 후발주자 격인 지방대학은 정부의 수도권 정비계획과 각종 규제 법률에도 불구하고 지방인구의 수도권 유입현상과 더불어 나날이 쇠퇴하여 전자와 후자 간엔 부익부 빈익빈 현상이 점차 심화되고 있다.

지금까지 정부의 입장에서는 국민의 과도한 교육열에 힘입어 국가재정을 많이 쏟아붓지 않고도 손쉽게 고등교육을 급속히 팽창할 수 있었고 이로써 놀라운 국가경제발전을 성취함은 물론 반세기 만에 대학교육의 보편화를 이룰 수 있었다. 이 과정에서 대학은 전국에서 우후죽순처럼 생겨났다. 특히 정권 실세의 출신 지역에 따라 해당 지역 대학의 숫자도 증가하는 양상을 보여 왔다. 이러다 보니 국가 차원에서 국토의 균형 개발·발전이라는 거시적 정책은 설혹 형식적으로 입안되었다 할지라도 유야무야 되고 권력의 향배에 따라 특정 지역이 우선적으로 개발되는 불균형이 초래되었다. 대통령을 배출한 지역인가 아닌가에 따라 혹은 권력 실세의 입김이 작용한 지역인가 아닌가에 따라 대학의 양과 질에 영향을 끼쳐 온 것이 사실이다.

다행히도 혜택을 받은 지역이나 그렇지 못해 혜택을 받지 못한 지역이나 지방사립대학은 생존경쟁에서 살아남기 위해 발버둥 치지 않을 수 없게 되었다. 혜택을 많이 받은 지역의 사립대학들은 지방국립대학뿐만 아니라 동일 지역의 다른 많은 사립대학들과 극심한 경쟁을 해야 하고, 반면에 혜택을 덜 받은 지역의 사립대학들은 산업기반의 열악함으로 인하여 정부에서 하사한(?) 정원마저도 제대로 충원할 수 없는 처지가 되고 말았다. 더욱이 이들 대학들은 학벌주의 사회화로 인하여 서울 소재 몇몇 세칭 일류대학 혹은 차등대학으로부터 지방 학생들을 빼

앗기면서 철저히 황폐화되고 있는 실정이다.

　그동안 역대 정부는 '국가의 균형 발전'이라는 모토만 내세웠지 실제 두 손을 놓고 수수방관하고 있었다고 해도 지나친 말이 아니다. 그나마도 새 정부의 10대 국정과제 중 하나로 '지방분권과 국가 균형 발전'을 제시하고 '지방대학의 집중 육성'을 세부과제로 정한 것은 지방대학으로선 천만다행한 일이다.

　지방대학 특히 지방사립대학의 육성책 없이는 지역적 균형 발전 전략과 지방경제의 활성화 정책은 구호에 그칠 것이 뻔하기 때문이다. 더 이상 지방사립대학을 한국 대학의 서자로 취급하여 홀대하지 말고 친자로 인식하여 따뜻하게 대하여야 할 것이다. 진정으로 국가 균형 발전을 바란다면 국회와 정부는 먼저 국가적 차원에서 지방대학 육성을 위한 특별법을 시급히 제정하여 국가 차원에서 정책을 수립·집행할 것을 촉구한다. 그리고 지방대학 졸업자들이 중앙정부기관과 산업체에서 일익을 담당할 수 있도록 한시적으로나마 인재지역할당제를 조속히 실행할 것을 권고한다. 마지막으로 지역의 교육재정 자립도를 높여 지방자치단체가 지역 교육에 대한 역할과 책무를 다할 수 있도록 학·연·산 간의 긴밀한 협력체제를 구축하고 각 지역에 맞는 대학의 특성화, 전문화, 자율화를 촉진시킬 것을 제언한다.

31

한국 대학의 성과진단과 성과지표

대학이라는 고등교육기관의 성과를 진단하는 것은 쉬운 일이 아니다. 각 대학마다 설립 목적, 특성, 사명, 규모, 리더십, 조직문화, 조직체제가 다름은 물론 그 대학만이 지니고 있는 정체성과 특수성이 있기 때문이다. 이렇듯 다면적이면서도 제각기 다른 특성을 지니고 있는 고등교육기관의 성과를 어떻게 진단해야 할 것이며, 이를 위해서는 어떤 틀을 사용해야 하고, 또 어떤 지표를 설정하여 활용해야 할 것인가를 면밀하게 고려하는 것은 각 대학의 성과분석 및 성과고취를 위한 중장기적 발전계획 수립을 위해서도 중요한 일이 아닐 수 없다.

미국이나 캐나다처럼 고등교육기관이나 각종 프로그램을 평가하고 이를 인증하기 위한 다양한 대학 평가기구나 협의체가 있는 나라에서도 '성과수행[성과]진단'(Performance Diagnosis)은 대학 행정 업무에 있어서 중요한 일이 아닐 수 없다. 성과진단은 기관의 중장기적인 발전을 위해서뿐만 아니라 단기적인 프로그램의 질적 제고를 위해서도 필수적인 일이다. 따라서 성과진단은 다면적이며 복합적인 활동이라 볼 수 있다.

어떻게 하면 이런 활동을 효율적으로 수행할 수 있는가에 대해 '성과진단 모델'(The Model of Performance Diagnosis)을 소개하고자 한다. 기업체의 조직진단과 성과개선을 위한 분석도구로써 '성과진단 모델'을 도입한 리차드 스완슨(Richard W. Swanson)의 주장을 인용하자면, '성과진단'은 조직이나 개인적 수준에서 실제적 내지 기대한 성과를 정확하게 입증하는 일종의 '문제 규정 방법'(a problem-defining method)이라 볼 수 있다. 일반적으로 '성과진단'의 과정은 먼저 진단을 위한 최초의 목적을 명확히 하는 것으로 시작된다. 그리고 '성과변인'(performance variables)을 수집, 선별, 평가하고, '성과측정'(performance measures)을 위한 수준과 단위를 대별, 선택, 확정하고, '성과요구'(performance needs)를 결정하기 위하여 성과수준과 분류의 관점에서 요구 사항을 세분화한다. 끝으로 이를 토대로 성과개선을 위한 제안서를 수립함으로써 '성과진단 과정'은 마무리된다.

이러한 '성과진단 모델'에서 '성과변인'과 '성과측정'의 과정은 '성과지표'(performance indicators)와 항목을 설정하기 위한 절차에 해당하는 일로 볼 수 있다. 성과진단을 수행하기 위한 도구로써의 성과지표는 전문성, 특수성, 정책성, 정치성을 고려할 필요가 있다. 전문성이라 함은 성과지표가 올바른 표준과 객관적 준거에 입각하여 타당하고 신뢰성 있게 설정되어 세세하면서도 포괄적으로 전반적인 영역을 전문적으로 측정할 수 있는 특성을 의미한다. 특수성이라 함은 각기 다른 특성을 지닌 대학의 독특한 행정체계와 조직문화를 말한다. 정책성이라 함은 공공정책의 도구로써의 성과지표가 편파적 혹은 지엽적으로 설정되지 않고 공공성 및 일반성을 지니는 것을 뜻한다. 정치성이라 함은 성과지표가 각 관련 당사자에 따라 다른 정치적 이해관계를 담고 있음을 칭한다.

위의 네 가지 특성을 성과진단을 위해 필수적으로 고려해야 할 변인으로 볼 수 있지만, 전문성이 성과진단의 주체자가 지녀야 할 일방적 특성이라면 나머지 특성은 진단주체가 피진단주체를 고려해야 할 상대적 특성이라고 볼 수 있다. 이처럼 성과지표는 진단주체의 전문적인 식견과 피진단주체들 간에 정치적인 알력과 이해가 상충 혹은 상호 교환될 수 있는 공공정책의 도구라고 간주할 수 있다.

이런 맥락에서 볼 때, 지금까지 이루어져 온 한국의 제반 대학 평가는 위의 특성을 고려한 성과진단이었다기보다는 평가 일변도의 성과측정이었다고 해도 과언이 아니다. 진정으로 대학의 수월성과 효율성, 자율성과 책무성을 신장시킬 목적이라면 갖가지 평가 혹은 인증이라는 명목으로 획일적인 잣대로 대학의 성과를 점수화하지 말고 성과개선과 고취를 위한 조직진단을 실시하기 바란다. 이를 위해서 진단주체는 성과진단에 대한 전문성을 꾸준히 축적함은 물론 피진단주체들과의 정책성과 정치성도 면밀히 고려해야 할 것이다.

32

대학 개혁과 대학 평가

대학 개혁의 일환으로 공신력 있는 대학 평가 전담기구(가칭 고등교육평가원) 설립 문제가 정부의 대학 구조개혁 정책과 맞물려 화두에 오르고 있다. 지식기반사회화와 세계화라는 시대적 흐름에 부응하여 국가의 경쟁력 제고와 고등교육의 질적 향상 및 대학의 특성화를 위해 대학 개혁을 가속화하고 대학 평가를 강화하기 위함이라고 한다.

지난 한 세대 동안 1972년 실험대학 선정을 위한 대학 평가를 시발점으로 하여 1982년 대학 간 협의체인 한국대학교육협의회[대교협] 발족과 더불어 대교협이 주도해 온 기관평가, 종합평가, 평가인정제, 대학종합평가인정제에 의한 대학 평가, 교육(인적자원)부가 실질적인 후원기구가 되어 평가전문 인력을 구성하여 국책연구기관이나 전문영역기관에 의뢰하여 실시한 각종 기관평가 및 학문계열평가, 그리고 중앙일보나 동아일보와 같은 언론사에 의해서 대학 평가가 수행되어 왔다. 이들 평가 주관기관들은 비록 평가유형, 평가주기, 실질적 후원기구, 평가인력, 평가기준, 평가방법 및 절차, 평가결과 및 그 활용에 있어서 다소 다른 양상을 나타냄에도 불구하고 대학인은 물론 세인마저도 대학 평가에 대한 시선과 시각이 곱지 않은 이유는 무엇일까?

여러 가지 이유를 들 수 있지만 그중에서 몇 가지 중요한 이유로 첫째, 대학 평가의 무용론 내지 비효과성이다. 서울대를 정점으로 하여 철저하게 서열화되어 있는 현재의 견고한 대학차등구조가 과연 대학 평가 결과만으로 깨뜨려질 수 있을 것인가라는 점이다. 설혹 평가결과에서 서울대가 좋지 못한 결과를 받았다고 해도 서울대가 세칭 '하류대학'으로 전락되고, 세간에 '하류대학'으로 분류되어 있는 대학이 평가결과에서 우수한 결과를 획득하였다고 해서 별안간 '일류대학'으로 부상하여 세인에게 소위 명문대학으로 부각될 수 있겠는가?

둘째, 평가목적에 대한 의구심이다. 대다수 대학 평가의 실질적 후원 내지는 추진기관인 교육인적자원부의 야누스적인 성향에 대한 의구심이다. 대학교육의 수월성, 자율성, 효율성, 책무성 신장 및 대학의 경쟁력 강화와 특성화 추진이라는 미명하에 행·재정지원이라는 미끼를 던져 놓고 평가의 종속화 및 획일화를 야기하며 정부 주도의 대학구조개혁을 강요함은 물론, 철저하게 대학의 차별화를 조장하고 있다는 인식을 지울 수 없다는 점이다. 특히 '힘없는 사학'의 경우 구조개혁 실적과 연계된 '행·재정적 차등 지원'이라는 교육부의 슬로건은 대학의 자율성을 고사시킬 뿐만 아니라 학문의 자유를 제한하고 연구를 오도할 수 있다.

셋째, 평가의 신뢰성과 타당성의 문제이다. 평가지표나 항목 선정에 있어 기관별, 학문별, 프로그램별로 타당성과 일반성의 결여는 물론 척도나 기준 설정에 있어서 학교의 특성, 규모, 사명 등에 따른 차별성과 공정성이 부족하다. 그리고 평가 전문 인력의 구성에 있어서도 평가 주체의 입김이 강하게 작용하여 전문성보다는 '내편 쓰기식', '나누어 먹기식'으로 평가위원을 구성하여 평가의 공정성과 신뢰성을 떨어뜨리고 있음을 지적할 수 있다.

넷째, 평가에 대한 관성과 타율성이다. 대학 자율에 의한 경쟁력 제고와 구조개혁의 노력보다는 각종 평가기관에 의해서 일방적으로 강요되는 평가를 통해서 대학의 질적 향상과 개혁을 수동적으로 수행함으로써 평가에 대한 관성과 타성이 나타나고 있다. 이로 인해 일부 대학에선 겉치레와 가식으로 치장한 형식적인 자체평가보고서가 작성되고, 구조개혁은 각 대학(학과) 이기주의로 인해 관련 대학(학과) 행정가와 교수는 실질적인 구조조정이나 개선보다는 정부의 재정지원을 받기 위해 임시방편적인 편법과 평가주체기관에 대한 로비에 더 많은 관심과 노력을 기울이고 있다.

다섯째, 평가로 인한 부조리 문제이다. 각종 대학 평가가 있을 때마다 대다수 대학에서 평가위원 '받들고 모시기 경쟁'은 공공연히 자행되는 일이다. 지나친 환대와 접대는 평가의 공정성을 깨뜨림은 물론 평가의 목적마저도 희석시킬 수 있다. 만일 정부 주도의 평가전담기구가 태동된다면 이러한 부조리는 더욱 심화될 수 있다.

위와 같은 문제점을 고려해 볼 때, 정부 주도의 대학구조 개혁과 대학 평가 전담기구 설립 구상은 장기적인 안목에서의 건설적인 대학개혁을 위한 '필요선'(必要善)이 아니라 단기적인 시각에서의 외형적인 대학개편을 위한 '필요악'(必要惡)이 될 수도 있음을 알아야 할 것이다.

33

접목이 필요한 한국의 대학

새봄을 맞아 대부분의 과수가 모양 좋고 먹기 좋은 과일이나 열매를 맺기 위해 접목을 해야 하듯이 한국의 대학도 질적으로 우수한 세계적인 대학으로 발돋움하기 위해선 새로운 접목이 필요하다. 사과, 배, 감은 물론 대추마저도 그러하다. 본래 과일이나 열매에 들어 있는 씨앗으론 보암직하고 먹음직한 과실을 얻지 못한다. 그 씨앗을 정성 들여 땅에 심고 적당한 거름과 충분한 물을 주어 지성껏 나무를 키워도 먹기에는 크기도 맛도 그 씨앗을 담고 있던 본래 과실만큼 되지 않는 것이 자연의 이치이다. 더욱이 대추나무에 달린 대추는 씨앗의 기능을 제대로 할 수조차 없다. 대추씨는 안이 비어 있는 '헛갱이(쭉정이)'이기 때문이다.

이러한 자연의 이치에서 한국의 대학은 교훈을 얻어야 한다. 우리나라 대학에서 신임교수를 선발할 때 우선 기준이 되는 것이 일반적으로 동일한 대학 및 대학원에서 학부, 석사, 박사과정을 같은 분야로 공부하였는가, 혹은 동일 전공으로 학사 및 석사학위를 획득하고, 박사는 동일 분야를 외국대학, 특히 미국대학에서 취득하였는가이다. 즉 이질적인 학교나 전공의 접목보다는 동질적인 동종교배를 선호한다는 말이다. 혹자는 이를 두고 '학문의 근친상간'이라 꼬집어 표현하기도 한다.

‘학문의 동종교배’는 한 가지 학문 분야를 일관성 있게 공부함으로써 깊이를 더할 수 있다는 긍정적인 논리를 펼칠 수 있지만 학문에 더하여 ‘학벌의 동종교배’가 이루어지면 스승이나 선배의 그늘에 가려 새로운 학설이나 학문 분야를 개척하기가 어렵게 된다. 특히 군사부일체(君師父一體)라는 유교적 가치관에 깊이 젖어 있는 한국인으로서는 스승이나 선배의 학설에 이론(異論)을 제기하거나 반론을 유발하는 것은 한국의 전통적인 윤리관에 반(反)하는 일로 간주되고 있다. 이러한 전통적인 유교적 가치관은 반유교적인 온정주의로 포장되어 ‘밀어 주고 끌어 주는’ 학연으로 혹은 인맥으로 이어지고 급기야는 정실주의로 둔갑하여 ‘가재는 게 편’ 아니면 ‘초록동색’(草綠同色)으로 작당(?)하여 ‘학벌의 요새’를 쌓게 되는 것이다. 이러한 관행이 고질화되어 우리의 대학은 동종교배의 악순환을 거듭하면서 학문적 열성유전을 이어가고 있다.

이러한 열성유전의 결함만을 이어받는 동종교배의 폐습에도 불구하고 이해하기 어려운 일은 박사학위는 외국대학에서 동일한 전공 분야를 획득한 것을 우대한다는 점이다. 과연 박사과정만 이수하고 온 사람이 학문적으로 얼마나 깊이가 있으며 또한 그 나라 문화를 얼마나 이해하고 언어를 습득할 수 있겠는가 하는 폄하된 생각을 떨쳐 버릴 수가 없다. 이러한 사람들은 국내의 연고에다 외국의 최고학위를 덧붙여 스스로 학문적 접목을 하였다고 우쭐거릴 줄 모르지만 동일 학문 분야의 연장선상에서 학부나 석사과정에서 익혔던 이론을 외국어로 재탕하거나 이에 약간을 덧붙여 온 것과 무엇이 크게 다를 바가 있겠는가? 물론 개인의 재능과 역량에 따라 차이가 있을 수 있다. 그러나 학문적 접목을 이렇듯 ‘눈 가리고 아웅식’으로 떠넘기면서 이질적인 학교 출신과 다양한 학문적 배경을 지닌 사람을 배척하는 풍토를 고착화하는 행태는 국가의 경쟁력 제고나 선진 대학으로의 발돋움을 위해서도 바람직한 일이 아니라고 생각한다.

　진정으로 우리 대학의 질적 향상과 국가의 경쟁력 진작을 소망한다면 구미의 우수한 대학들이 그러하듯 동일 출신 학교 간의 학문적 동종교배가 아닌 다른 학교 출신 간의 학문적 접목을 과감히 시도해야 할 것이다. 친애하는 대학 행정가와 교수 여러분, 본래의 과실에서 얻은 씨앗으로는 탐스럽고 먹음직한 과실을 얻을 수 없다는 자연의 이치를 깊이 인식하고, 후일에 학문적 동종교배의 부실한 '헛갱이'를 보고 후회의 한숨을 토하는 어리석음을 범하기 전에 지금부터라도 다양한 학문적 접목을 과감히 추진하기 바란다. 동종교배로 얻을 수 있는 특권이나 이익만을 생각하기에 앞서 진정으로 대학과 학문의 발전을 위하는 길이 무엇인가를 생각해 주길 부탁하고 싶다. 새봄을 맞아 묵은 표피를 뚫고 싱그러운 새싹과 꽃을 피우는 과수(果樹)처럼 해묵은 소아적인 이기심과 편파심을 미련 없이 내던져 버리고 새로운 학문의 싹과 꽃을 피워 장차 알찬 결실을 맺게 되길 간곡히 바란다.

제6장

■ 나의 스승

34

윌리엄 피셔 교수님을 추모하며

바깥엔 봄을 재촉하는 비가 조용히 내리고 있다. 집 앞 숲 속에서 항상 요란스럽게 지져대던 새들도 오늘따라 자취를 감추고 앞뜰엔 샛노란 수선화가 아름다운 자태를 자랑하고 있다. 책장 위에 올려놓은 여러 해 묵은 크리스마스카드를 보니 문득 나의 존경하는 스승이자 절친한 친구였던 '윌리엄 피셔'(William Fisher) 박사님이 생각났다. 벌써 몇 해 전의 일이다. 몇 년 전 연말에 안부를 전할 겸 보낸 크리스마스카드가 다음 해 봄에야 되돌아왔다. 겉봉 회신 사유에 수신자가 세상을 떠났다고 적혀 있었다.

필자가 그를 처음 만난 것은 미국의 북부 로키산맥의 산악지대에 있는 캐나다와 국경을 접한 몬태나(Montana) 주, 자연경관이 아름답기로 이름난 미줄라(Missoula) 소재 몬태나주립대학(The University of Montana)에서 석사과정을 하고 있던 때였다. 당시 그는 82세의 원로 명예교수로서 석·박사과정 학생들에게 교육철학과 교육사를 봄·가을 학기로 번갈아 가며 강의하고 있었다.

필자가 피셔 교수를 소개하는 것은 그는 대학 교수뿐만 아니라 학자로서도 귀감이 될 수 있는 자질을 갖추고 때문이다. 필자의 뇌리에 각인되어 있는 몇 가지 인상적인 것을 기술하자면, 먼저 대학 교수로서 갖추어야 할 수업시간의 엄정성은 물론, 진지하고 열성적인 수업 태도와 수업 방식 및 학문에 대한 열정을 들 수 있다. 항상 수업 시작 5분 전이나 정시에 맞추어 노익장에도 불구하고 한 아름의 책을 양팔로 가득 안고 강의실로 들어오면서 만면에 웃음을 띠우며 학생들에게 먼저 인사를 건네곤 했다. 수업시간엔 언제나 꼿꼿한 자세로 강단 앞을 이리 저리 걸어 다니며 2시간 동안 단 한 번도 의자에 앉지 않고 고저와 장단이 잘 조화된 또렷한 음성으로 진지하게 강의하기도 하고, 수업 중에 학생들에게 간간이 질문을 던지면서 논쟁을 유발하기도 하고, 핵심 문제에 대해선 찬반 그룹으로 나누어 토론을 이끌면서 수업에 흥미와 열기를 불어넣곤 했다.

강의 끝나기 전 약 5분 동안은 언제나 수업과 토론의 주요 내용을 요약한 후, 수업 시작할 때 가지고 온 책의 제목을 일일이 읽어 주며 학생들에게 필독을 권유하면서 이를 빌려 주었다. 책은 언제나 수강생 전원이 한 권씩 빌려 가고도 두세 권이 남곤 했다. 책을 빌려 주면서도 학생들에게 독후감이나 리포트를 요구하는 일은 없었으나 다음 주 수업시간에 반드시 반납해야 했다.

필자와 피셔 교수와의 인연은 십수 년 전 봄 학기 교육철학 시간에 맺어졌다. 수업 후 노학자가 항상 무거운 책을 들고 가는 것이 부담스러워 보여 학생들이 갖다 놓은 책을 대신 들어 주는 것이 그와 교분을 두텁게 하는 계기가 되었다. 학기 초엔 그의 연구실에 갈 때까지 약 5분간 주로 수업내용에 대한 대화를 나누는 정도였지만, 학기가 거의 끝날 무렵엔 빈번하게 그의 연구실을 방문하여 몇십 분 동안 철학사상이나 사생활 문제까지 이야기를 나눌 정도로 사제 간의 교분이 두터워지게 되었고, 곧 그를 '빌'(Bill)로 부르는 절친한 친구 사이가 되었다.

그는 컬럼비아대학 시절 미국이 낳은 위대한 교육학자인 '존 듀이'(John Dewey) 교수에게서 교육을 받았고 언제나 그의 제자인 것에 대해 대단한 긍지와 자부심을 갖고 있었다. 필자가 텍사스 주 오스틴(Austin) 소재 텍사스주립대학으로 박사과정을 지원할 때도 '존 듀이의 계보(line)에 있는 전도유망한 탁월한 학생'으로 기꺼이 추천서를 써 주었다. 몇 년 후에 박사학위논문을 작성할 때도 그로부터 많은 조언과 건설적인 비판을 받으며 논문의 질을 높일 수 있었다. 당시 아흔을 바라보는 고령임에도 불구하고 필자의 최종 학위논문 초안을 읽고 건설적인 조언과 비판을 8장이나 빽빽하게 타이핑하여 보내 주었다. 감사함을 어찌 말로 다 표현하랴!

그는 지금 이 세상에 없지만 그의 진지하고 열성적인 학문적 태도와 해박하고 깊은 지식은 일부나마 필자의 미약한 학문 세계에 접목되어 새로운 학문의 잎으로 다시 돋아나고 있다. 타고난 교육자이자 학문의 즐거움을 실천한 석학인 그와 함께 동시대에 살면서 학문을 익히고 두터운 교분을 맺게 된 것을 진심으로 감사한다.

35

나의 스승, 로널드 브라운 박사님을 기리며:
인생은 짧고 학문은 길다

앞뜰 숲에선 새봄의 싱그러운 기운을 받아 초아(草芽)가 앞을 다투듯 나뭇가지마다 총총히 돋아나고 있다. 이젠 작년이 되었지만, 크리스마스 다음 날인 지난 12월 26일에 가슴 아픈 슬픈 소식을 접하였다. 몇 분 안 되는 나의 존경하는 스승 중 한 분이었던 로널드 브라운(Ronald M. Brown) 교수님이 지난 7월에 타계하셨다는 소식이었다. 지난 8월과 12월에 안부 메일을 발송하였지만 회신이 없기에 동료 교수인 Lasher 박사님께 그분의 근황을 알려 달라는 이메일을 보냄으로써 이 소식을 몇 달이 지난 후에야 비로소 알게 되었다.

필자는 박사학위논문 지도교수이자 은사인 브라운 박사님을 결코 잊을 수가 없다. 오스틴 소재 텍사스주립대학교(The University of Texas at Austin) 교육대학원에서 사제 간으로 인연을 맺게 되었으나, 졸업 후 그분은 늘 필자를 학문의 동료로서 또한 절친한 친구로서 필자의 학문 활동에 조언을 아끼지 않았다. 필자가 브라운 박사님을 잊을 수 없는 이유는 필자에게 베풀어 준 학문적 배려뿐만 아니라 진정한 학자로서 학문을 하는 사람에게 귀감이 될 만한 성품과 자세를 지니고 있기 때문이다.

언제나 온후한 표정을 지으면서 학생들을 대하고 강의엔 엄정하면서도 충실한 모범적인 선생님이었다. 특히 브라운 박사님은 필자의 박사학위논문을 지도하시던 기간 동안 단 한 번도 약정 기일이나 시간을 어김이 없이 논문 초고를 자세히 검토해서 꼼꼼하게 가필과 정정을 한 후 되돌려 주시고, 매주 월요일마다 초고의 내용에 대해서 1시간 이상 토의를 하면서 논문의 질을 높일 수 있도록 이끌어 주셨다. 필자는 국내외 대학교에서 공부하고 가르치기도 하였지만 지금까지 논문 작성기간 내내 학위논문을 이처럼 꼼꼼하게 보아 주고 일주일에 한 번씩 토의를 해 주는 지도교수가 있다는 것을 내 주변 사람들로부터 들어 보지 못했다. 이런 자상한 가르침의 덕택으로 필자의 학위논문 중 몇몇 장(chapters)은 국제학술지에 게재될 수 있었고 학위논문은 미국과 한국에서 단행본으로 동시 출판될 수 있었다. 당시 65세라는 고령에 지병인 고혈압과 당뇨가 있었음에도 불구하고 필자의 학위논문을 철저하게 검토해 주신 학문에 대한 정성과 열심에 존경과 감사함을 머리 숙여 마음으로 표하지 않을 수 없다.

8년 전 동남아시아 여행길에 한국에 들렀을 때 경주의 신라유적을 둘러보시면서 우리 문화에도 남다른 관심과 애착을 나타내셨다. 그로부터 3년 후 명예교수직을 퇴직하면서 교수실에 약 삼 십 년 동안 걸어 놓았던 텍사스대학교 엠블럼(emblem)을 편지와 함께 필자에게 보내 주셨다. 삼 십여 년 동안 대학 교수 생활을 하시면서 여러 나라에 많은 제자들이 있음에도 필자에게 그 엠블럼을 주셨다는 후덕함과 자상함에 얼마나 감사하였는지 모른다.

그 엠블럼을 바라볼 때마다 브라운 박사님의 학문에 대한 엄정함과 성실함을 떠올리며 학문을 좋아하는 사람으로서 올바른 배움의 자세를 지니고자 다짐한다. 필자는 긴 배움의 여정에서 국경을 초월하여 브라운 박사님과 같은 몇 분의 훌륭한 스승을 만나 동시대를 살면서 학문을 올바르게 익힐 수 있는 기회를 갖게 된 것에 대해서 충심으로 감사한다. 비록 브라운 교수님은 세상을 떠났지만 그분의 가르침은 필자의 학문 세계에 접목되어 올봄에도 새로운 잎을 총총히 피우고 있다. 혹자는 "인생은 짧고 예술은 길다"고 말했다. 그러나 필자는 이렇게 말하고 싶다. 인생은 짧고 학문은 길다.

- Ronald M. Brown 박사는 The University of Texas at Austin 부총장, 명예교수 및 교수(고등교육행정 전공)를 약 30년간 역임하였다.

36

나의 은사 페트리 박사님

　필자의 학문 여정에서 크나큰 전환점이 되었던 시절에 친절과 관대함으로 필자에게 자신감과 용기를 심어 준 페트리 박사님을 생각하며 이 글을 쓴다. 필자가 석사과정 공부를 하던 자연경관이 빼어난 미국 몬태나 주 미줄라 소재 몬태나대학교(The University of Montana) 교육대학원 연구방법론 시간에 페트리 교수님을 처음 만났다. 여름 학기의 인텐시브 과정이어서 정규 학기 강좌보다 진도도 빠를 뿐만 아니라 수강생도 많은 편이었다. 매일 3시간씩 수업이 있음에도 불구하고 거의 매일 객관식 시험(50문항)을 치르고, 이틀이 멀다 하고 다양한 연구방법론에 따른 비평 저널을 제출하고, 학기 마지막엔 아티클(논문) 한 편을 제출하였다.

　석·박사과정을 공부하면서 학습과제에 가장 과부하가 걸렸던 과목이었다고 생각한다. 공부는 힘들었으나 페트리 교수님 덕택으로 학자로서 학문을 연구하는 데 필수적 도구인 연구방법론 기초를 확실하게 학습할 수 있었다. 충실한 강의준비와 성실한 강의 그리고 신속한 피드백은 필자의 교수법에 본이 되었을 뿐만 아니라 학생을 존대하는 온후한 태도와 학문을 탐구하는 근면한 자세는 필자에게 학자로서의 표상이 어떠해야 함을 각인시켜 주었다.

눈동자가 가을의 맑은 하늘색처럼 파랗고 인자함이 넘치는 얼굴에 항상 미소를 잃지 않으시던 그분이 지병인 당뇨로 인해 시력이 지극히 감퇴하여 대학 강단을 떠나시게 되었다는 편지를 받아 보았을 때 필자의 마음은 이루 말할 수 없이 슬프고 답답하였다. 벌써 5년이란 세월이 흘렀지만 앞으로는 나의 편지를 받고 읽을 수도 없을 것 같다는 스승의 애절한 글귀가 아직도 선명하게 나의 마음에 남아 있다. 아마도 이 글귀는 그분의 맑고 어진 푸른 눈과 더불어 평생 없어지지 않고 내 마음속에 남아 있으리라.

이 편지 이후 전화 통화를 몇 번 시도하였으나 연결이 되지 않아 소식이 두절되고 말았다. 필자가 어려울 때마다 힘이 되어 주시고 성가신 부탁도 항상 흔쾌히 들어주시던 나의 스승이……

제7장

■ 한국의 교육 트리오, 무엇이 문제인가?

37

오늘의 한국 대학, 바람직한 총장상은?

오늘의 한국 대학에서 바람직한 총장상은 어떤 유형일까? 대학마다 설립 배경과 이념, 학교의 역사와 전통, 조직문화와 체제, 규모와 크기, 위치와 종류에 따라 각기 다른 특성과 환경을 지니고 있으므로 대학 총장의 이상형을 꼭 집어서 말할 순 없지만, 대학이라는 기관의 책임자이자 대표자로서 그 임무와 역할을 중심으로 볼 때, 일반적 견지에서 바람직한 총장상을 그려 볼 수 있다.

대학 총장의 임무와 역할을 논의하기에 앞서, 총장이 되기 위해서는 어떤 자격이 요구되는 것인가를 살펴볼 필요가 있다. 최근까지 총장이 되기 위해서는 보편적으로 교육적 능력, 경영관리 능력, 행정적 역량, 그리고 도덕적인 덕망을 필요 요건으로 해 왔다. 먼저 교육적 능력이라 함은 학자로서의 학문적 소양과 자질을 지니고 있음은 물론, 나아가 학문에 대한 깊은 배려와 이해를 할 수 있는 자질이다. 다음으로 경영관리 능력이라 함은 대학의 경영자로서 교직원, 시설, 재정 등을 효율적이며 합리적으로 운용(運用)·관리하는 일과 학생의 교육에 관련된 제반 사항을 운영·관리하는 능력이다. 행정적 역량이라 함은 대학조직을 관리하는 데 필요한 지도와 감독, 기획과 조정, 통제와 설득을 할 수 있는 능력을 말한다. 끝으로 도덕적인 덕망이라 함은 인격자로서 원만한 인간관계와 포용력 및 도덕성을 갖춘 지도자를 말한다.

우리나라의 법에서도 대학 설립자나 경영자의 역할을 일부나마 명시하고 있다. 교육기본법 제16조 제1항에 "교육을 위한 시설·설비·재정 및 교원 등을 확보하고 이를 운용·관리한다"는 조항과, 동법 제16조 제2항에 "설립·운영자는 법령이 정하는 바에 의하여 학습자를 선정·교육하고 학습자의 학습 성과 등 교육의 과정을 기록·관리한다"고 규정하고 있다. 그러나 대학 총장에 관한 구체적인 역할, 자격규정, 책무에 대해선 법으로 명문화하고 있지 않다.

미국의 고등교육 학자인 클락 커(Clark Kerr)의 주장을 참조하여 표준적인 대학 총장의 임무와 역할을 기술하자면, 총장은 대학의 목표를 설정하고 기관과 조직을 이끌어 가는 지도자, 대학의 조직문화를 계승·발전·창조하는 창조자, 교직원과 학생의 교육, 연구, 봉사활동을 위한 최적의 환경 조성과 인사행정에 대한 합리적인 조정자, 교직원, 학생, 시설, 재정 등을 합리적 및 효율적으로 행정·경영하는 관리자, 대학의 학풍이나 전통을 이어가는 계승자, 대학 구성원 및 관련 집단과의 원만한 교류와 갈등 해소를 타협으로 이끌어 내는 설득자, 그리고 학문적 자질을 갖춘 학자로서 교육과 연구에 대한 학문의 자유를 옹호하고 실현시키려는 교육자이다.

지난 세기 말엽까지만 하더라도 위와 같은 임무와 역할에 충실한 총장이 이상적인 총장상이었다고 말할 수 있다. 그러나 오늘날 한국의 대학 총장은 대학이 '살아남기 경쟁'에서 유리한 고지를 선점하려면 전문경영자와 설득자로서의 역할과 더불어 급격히 변화하는 시대적 흐름에 대처할 수 있는 변화의 촉진자, 각계각층의 다양한 목소리를 조율하고 선도할 수 있는 여론의 선도자, 급변하는 정치적 및 정책적 사안에 신속하게 대처할 수 있는 정치적 역량이 더없이 강조되고 있다. 더욱이 당장 대학의 '생존문제'에 봉착하고 있는 지방사립대학이나 2−3년제 대학의 경우에는 대학의 사활이 걸린 문제를 해결할 수 있는 해결사로서 위기관리 능력과 정치적 수완이 탁월한 총(학)장이 절실히 요구되고 있다. 현재 '생존문제'에 매달리지 않는 대학들 또한 세계화와 지식기반 사회화의 흐름에 편승하여 대학의 수월성 제고를 위해 대학의 자본화 개념 확산과 대학의 기업화 기류를 유입하고 있다. 이러한 흐름에 따라 많은 대학들이 지금까지의 학문형, 덕망형 총장보다는 경영형, 정치형 총장을 더 갈망하고 있는지 모른다.

　　과연 오늘의 한국 대학에서 바람직한 총장상은 어떤 유형일까? 덕망형 지도자일까? 기업형 경영자일까? 아니면 절충형인 도덕적 경영자일까? 현재 구조조정이나 통폐합 등으로 기로에 선 우리의 고등교육으로선 어떤 유형의 총장이 우리 대학에 가장 바람직하고 적합한 인물인가를 꼼꼼하게 잘 따져 보아야 할 때이다.

38

교육수장의 공공성과 책무

최근 교육부총리 임명자를 놓고 적격자니 무적격자니 하며 상반된 주장이 분분했다. 임명권자와 교육부총리 내정자 측에선 적임자라고 당위성을 주장하는 반면, 야당 국회위원과 다수 국회교육위원, 한국교원단체총연합회, 전국교직원노동조합, 학부모단체 및 주요 일간지는 신임 교육부총리 내정자를 '코드인사'로 부적절함을 신랄하게 성토하면서 거세게 반발했다.

국회 청문회에서도 적격 여부를 놓고 치열한 공방을 벌이기도 했다. 그러나 그의 논문 문제 등이 불거져 나오면서 도덕성 논란을 불러일으키는 등 여진이 계속되고 있다.

언제부턴가 우리나라의 교육부장관 내지 교육부총리 내정 문제는 매 정권마다 몇 번씩이나 교체하지 않고는 넘어갈 수 없는 고질적인 병폐가 되고 말았다. 이런 병폐가 한국교육을 만신창이로 만든 동인이거나 응보가 되고 말았지만, 이런 일이 매번 되풀이되는 것은 우리 사회와 국가 발전을 위해서도 결코 바람직한 일이 아니다. 우리는 왜 이렇게 툭하면 교육수장이 바뀌어야 되고 무엇이 이런 고질적인 병폐를 재발시키는지 깊이 성찰해 볼 필요가 있지 않을까?

이런 맥락에서, 필자는 이러한 병폐를 치유하고 나아가 한국 고등교육 발전에 일조할 수 있는 시사점을 제공하기 위해 우리보다 앞서 고등교육의 보편화를 실현하고 선진국의 일원으로서 학문의 실용화, 대학의 국제화 내지 세계화에 박차를 가하고 있는 캐나다의 고등교육행정기관(BC주)을 소개하고, 고등교육행정기관의 역할과 대학과의 관련성, 정부가 대학을 보는 시각, 그리고 고등교육부와 장관의 위상과 역할에 대해 간략히 포괄적으로 기술하고자 한다.

캐나다교육은 고등교육을 포함하여 헌법에 의해 국가(연방정부)가 아닌 주나 준주(지방정부)가 책임을 지고 있다. 그러므로 우리나라의 교육인적자원부 같은 국가교육을 총괄하는 정부교육행정기관이 없이 전적으로 지방정부자치로 운영되고 있다. 캐나다의 연방정부는 각 주 정부 교육부장관이 협의할 수 있도록 협의회를 제공한다든지, 각종 연방정부부처와 협조체제를 강구한다든지, 포괄적인 연구 인프라를 구축하고 전략을 세워 대학에 연구비를 집중적으로 지원하면서 연구역량을 강화하고 국가 경쟁력을 도모하면서 고등교육 발전에 간접적인 역할을 수행하고 있다.

캐나다의 각 주 정부는 헌법과 각 주법에 명시한 대로 교육구조와 제도 및 교육 정책을 개발하고 교육에 대한 행·재정적 권한을 행사하고 있다. 캐나다 고등교육은 주 단위의 지방자치단체에서 대부분의 재정을 부담하는 공립대학과 개인이나 재단에서 재정을 부담하는 사립대학이 병존하고 있다. 공립대학은 법적으로 주 정부로부터 재정을 지원받시반 사립대학은 자치권과 자율성을 갖고 학생과 교지원을 선발하고, 교과과정을 설정하고, 입학 및 졸업 기준과 조건을 결정한다. 따라서 대학 행정에 관련된 제반 사항은 해당 학교에서 결정 및 시행하고 있다.

주 정부 산하 교육부의 주된 역할은 타 부처와의 긴밀한 공조체제를 유지하고, 예산의 투명성과 책무성을 실행하며, 다양한 공사립기관의 조언과 연구 및 정보 제공을 받아 교육정책을 결정하고 이를 실행하는 것이다. 이러한 역할 수행을 위한 수장으로 교육부장관을 임명하고 해당 주의 고등교육 발전과 연구를 위해 지원하고 사회에 공헌토록 명시하고 있다.

일례로, 브리티시컬럼비아 주 고등교육부의 목표는 BC 주민들의 필요와 열망에 부합되는 질 높은 고등교육을 제공 실시하고 BC 주 경제와 사회발전을 위해 대학에 우수한 연구와 기술 신장 및 개혁을 도모하는 것이다. 이러한 목표 실행을 위해 고등교육부장관은 연도별 봉사계획과 자신의 책무성을 공표하고 이를 인터넷에 올려놓고 있다.

이렇듯 주 고등교육부는 주의 발전과 주민의 복지 증진을 위해 대학에 각종 재정 지원을 아끼지 않으나 대학에 전적으로 자율권을 부여하여 고등교육의 질을 제고하고, 연구 역량을 극대화하고, 개혁을 유발하여 고등교육의 발전을 도모하고 있다.

우리나라 교육인적자원부의 수장인 교육부총리가 캐나다 고등교육행정기관 및 그 수장인 장관의 역할과 공공적 책무성을 거울로 삼아 볼 의향은 없는지 묻고 싶다.

39

교육부의 운세가 어떠하기에?

교육부의 운세가 어떠하기에 바람 잘 날이 없을까? 답답한 마음을 조금이라도 풀어 보고자 작명법에서 흔히 사용되는 오위법과 음양오행법으로 교육부의 운명을 감정해 보기로 하였다. 먼저 교육부를 사람의 이름으로 간주하여 성씨를 '교'(教)씨로 이름을 '육부'(育部)로 하여 한자로 '教育部'로 작명하였다.

성명은 부르기에 좋아야 하는데 지금의 '교육인적자원부[현재 교육과학기술부]'는 이름이 너무 길고 '교육'과 '인적자원'이라는 두 단어를 사용하여 인간을 하나의 자원으로 간주하고 교육을 시키고자 하는 의도를 담고 있으므로 듣기에 별로 좋은 느낌을 주지 않고 있다. 그러므로 '교육인적자원부'라는 이름은 별로 좋은 이름이 아니라고 판단된다. 오히려 구(舊) 이름인 '교육부'가 단순하면서도 부르기 좋고 듣기에도 별로 나쁘지 않은 이름이라고 본다. 따라서 약칭인 '교육부'로 운세를 가늠해 보기로 한다.

먼저 오법감정(五法鑑定)의 오위(五位)를 사용하여 성명의 글자 획수를 보고 수리(數理)의 길흉을 살펴보기로 한다. 오위란 성씨(姓氏)를 나타내는 천위(天位), 성씨와 이름의 첫 글자의 합을 나타내는 인위(人位), 이름의 두 글자의 합을 나타내는 지위(地位), 성씨와 이름의 끝 글자의 합을 나타내는 외위(外位), 성명의 합을 나타내는 총위(總位)를 말한다. 천위는 운명적으로 타고난 선천운(先天運)의 의미를 가지고 있지만 이름에 의해 영향을 받을 수 있고, 인위는 일생의 운을 지배한다고 보며, 지위는 유소년기의 운을 말하고, 외위는 부운(副運)으로서 환경에 의해 지배를 받으며, 마지막으로 총위는 모든 운을 결정짓는 것이라고 본다.

교육부의 총괄적 운명은 전체 29획으로서 상중하에서 상운(上運)의 중(中)에 속하는 좋은 운이나 지나치거나 욕심을 부리면 나중엔 하나도 얻지 못하는 상(相)이다. 천지인(天地人)의 배합을 보면, 인위수(人位數)를 중심으로 한 천위(天位)는 어려운 일이 지나면 또 어려운 일이 닥치지만 자신을 가지고 부단히 노력하면 좋은 결실을 맺을 수 있는 운수이다. 인위(人位)에 대한 지위(地位)는 유아독존적(唯我獨尊的)이나 자아를 억제하면 세인에게 인정받을 수 있는 운이다.

다음으로 음양오행법으로 살펴보고자 한다. 오행(五行)은 목(木), 화(火), 토(土), 금(金), 수(水)를 말하나 작명법에선 오음(五音: 牙音, 舌音, 喉音, 齒音, 脣音)을 사용하되 성명의 각 글자의 두음(頭音)으로 결정하고 있다. 이러한 원칙에 따라 교육부는 목·토·수(木·土·水) 행의 배합으로 길운을 지니고 있다. 그리고 음양의 구성에 의한 짝수와 홀수에 따라 짝수면 음, 홀수면 양으로 판별하여 교육부의 길흉을 감정(鑑定)하자면, 양·양·양(陽·陽·陽)으로 불운을 지니고 있다. 음양오행법에 의한 감정은 길운과 불운이 함께함을 알 수 있다.

지금까지 교육부의 운세를 감정해 보았다. 비록 정식 이름이 아닌 약명(略名)을 사용하여 아마추어 작명가가 객기를 좀 부렸지만 독자 제위께서는 '장난기'라고 생각하고 부족함이 있더라도 너그러이 이해해 주길 바란다.

　위의 운세에서 나타난 것처럼, 그동안 교육부는 유아독존적인 자세로서 우리나라 교육 전반을 좌지우지해 왔다고 해도 과언이 아니다. 이로 인한 응보로 오늘도 교육 관련 단체와 시민단체 심지어 일반 국민들로부터도 격심한 갈등과 격렬한 반발을 사면서 교육계는 '난장판'이 되고 있다. 교육부의 운세는 평생 길흉사가 함께하고 있지만 자아를 억제하고 겸허한 태도로 부단히 노력하면 길운이 따를 수 있다는 괘를 명심해야 할 것이다.

40

국가정책연구기관 연구보고서,
일회용인가 장식용인가?

우리나라에선 각 정부기관에 소속되거나 연관된 수십 개에 이르는 국가정책연구기관을 통해서 해마다 수많은 갖가지 형태의 연구물들이 쏟아져 나오고 있다. 이 기관에서 일하는 대부분의 연구원들은 연구보고서라는 통칭하에 기초연구 혹은 응용연구의 성격을 띤 정책보고서, 정책분석보고서, 정책연구보고서와 같은 이름으로 논문의 특성을 지닌 자료로부터 정책보고서 요약문, 정책 메모, 보도자료, 브리핑 자료 등 보도용 혹은 발표용 자료에 이르기까지 다양한 형태의 연구물을 생산해내는 데 많은 노력과 시간을 보내고 있다.

이러한 연구물 중에선 국가정책 입안이나 결정에 일조하는 자료가 있는가 하면 일회용이나 장식용으로 그치는 경우도 허다하다. 국민의 세금이 투여되고 연구자의 노력이 투입된 이 자료들이 단순한 일회성 보도 자료나 '업적성 장식품'으로 전락되어 소모되고 있다면 정말 안타까움을 넘어 분노할 일이 아닐 수 없다.

이런 폐단을 막고 이 연구물들이 국가정책결정에 효율적으로 활용될 수 있는 자료가 되기 위해서는 무엇보다도 두 가지 핵심 문제가 선행되어야 한다. 첫째, 연구자 개개인이 해당 분야에 대한 기초연구나 응용연구를 충실히 수행할 수 있는 풍부한 전문지식과 다양한 연구방법을 터득하고 있어야 함은 물론, 논리적 사고와 조직적인 분석력 그리고 세심한 관찰력과 미래지향적인 안목이 있어야 한다. 둘째, 어떤 경우에도 연구원들이 비판적인 분석력과 창의적인 자율성을 가지고 연구에 전념할 수 있도록 기관장의 확고부동하고 엄정한 지도력이 필요하다. 기관장의 리더십은 기관의 설립 목적과 사명에 입각하되 기관이 국가정책입안과 결정에 올바르게 이바지할 수 있는 경영의 기본 방향과 기능을 책정하고 이를 효율적으로 실행할 수 있도록 발휘되어야 한다.

만일 기관장이 자신의 입신출세를 위해 언론에 촉각을 곤두세우거나 거센 정치적 힘에 주눅이 들어 언론인이나 정부 관료의 눈치를 살피며 비위 맞추기에 급급하여 졸속적이고 편향적인 경영 방침을 고수한다면, 대부분의 연구원들은 기관장의 '충성스러운 충복'으로 변질되어 기관장의 사심대로 언론과 정부의 '입맛에 맞는 연구물'만을 생산하게 될 것이다. 그리고 기관은 연구의 자율성을 상실한 정부의 시녀로 전락되어 국가의 정책결정을 무조건 호도하거나 국가의 잘못된 정책결정을 추종 혹은 묵인하는 과오를 범하게 될 것이다.

국책기관이 정부 충복으로서의 역할만 이행하려 한다면 이는 국민을 기만함은 말할 것도 없고 연구원을 '일회용 페이퍼'나 '장식용 보고서'를 생산하는 무용한 식자로 전락시키는 것임을 알아야 할 것이다. 특히 연구원 개개인이 올바른 사명과 소신을 가지고 유용하고 질 높은 연구보고서 작성에 최선을 다하겠다는 연구자로서의 태도를 지니는 것이 무엇보다도 중요하다. 설혹 정부의 정책방향과 다른 연구결과가 나왔더라도 일반 국민에게 공헌할 수 있는 연구결과라면 이를 소신 있게 밀고 나가야 할 것이다.

비단 이런 일은 국책연구기관에만 국한된 일은 아닐 것이다. 대학에서도 국가정책연구과제를 수행할 때 정치성을 의식하여 연구자의 편견을 가지고 탐구한다든지 국가정책과 상반되는 연구결과가 도출되지 않도록 의도적으로 회피한다면 연구자로서 혹은 학자로서의 올바른 태도가 아닐 것이다. 아무튼 정책보고서든 연구보고서든 일회용이나 장식용으로 그치지 않고 국가정책을 입안하거나 결정하는 데 기여할 수 있는 소중한 연구물로서 궁극적으로는 국민의 생활과 복지를 향상시키는 데 이바지할 수 있는 값진 연구물이 되어야 할 것이다.

한국의 교육 트리오, 무엇이 문제인가?

음악에서 3이란 숫자는 다양하게 활용·해석되고 있다. 음악 기보법에서는 음의 세기를 나타내는 3박자로, 성악과 기악에선 트리오(trio)로, 그리고 여러 음악 이론에서도 다양하게 쓰이고 있다. 음악 미학에서는 3박자를 기독교의 삼위일체 교리에 기초한 성부(聖父), 성자(聖子), 성신(聖神) 혹은 조직신학적 논리에 바탕을 둔 하나님, 인간, 악마의 관계로 해석하고 있다. 서양의 음악 미학에서 3이란 숫자의 특이한 개념은 히브리의 종교적 사유에 연원을 둔 완전수 개념이 미학적 논리에 스며들어 기독교 조직신학과 결합된 감이 있지만, 아무튼 음악에서 3이란 숫자는 중요한 역할을 하고 있다. 예를 들자면, 화성학과 대위법에서도 3화음(triad)은 음을 조율하는 기본 코드(chord)이나, 3도 음역은 장 3도의 불완전음으로서 이에 플렛(b) 하나를 붙이면 단 3도로 바뀌어 음조의 명암이 달라진다. 즉 3박자가 장조로 이끌리면 쾌활한 왈츠 곡이나 미뉴에트 곡이 될 수 있는 반면, 단조로 되면 장엄미사곡이나 진혼곡이 될 수도 있다.

이러한 맥락에서 볼 때, 우리 '교육의 3박자' 혹은 '교육 트리오(trio)'도 우리의 교육환경뿐만 아니라 사회의 명암을 바꿀 수 있는 중요한 위치에 있는 조직기관으로 볼 수 있다. 그러면 어떤 기관이 우리 교육의 3박자 내지 교육 트리오인가? 필자는 높은 성부(聲部)의 교육인 적자원부[현재 교육과학기술부]를 정점으로 하여 좌우에 낮은 성부의 서울대학교와 한국교육개발원을 지목하고 싶다. 혹자는 무슨 얼토당토 않은 궤변이냐고 힐난할지 모르나 위의 세 기관이 우리 교육을 좌지우 지하여 왔다고 보기 때문이다. 교육부가 제반 국가교육정책을 결정하 고 집행하는 교육 권력의 중추기관이라면, 한국교육개발원은 우리나라 의 교육발전을 위하여 정책을 연구하고 개발하는 핵심적인 교육연구기 관이며, 서울대학교는 국가의 제도적 보호하에 우리 교육을 실질적으 로 선도하는 최고의 국립교육기관이기 때문이다.

이를 음악의 오케스트라에 비유하여 지금까지의 부면적인 기능을 위주로 냉소적 시각에서 비판하자면, 교육부는 우리나라의 교육정책을 결정하고 교육관계자와 교육기관을 관리·감독하는 무소불위의 교육 권 력을 손에 쥐고 휘두르는 작곡자 겸 지휘자이며, 한국교육개발원은 작 곡자의 의도나 취향대로 오선지에 악보를 그려 넣는 작곡 보조자이며, 서울대학교는 악보와 지휘자의 손과 표정에 따라 악기를 연주하는 주자 (奏者)라고 할 수 있다. 따라서 이 세 기관은 음악 미학의 3박자 관계뿐 만 아니라 화성악의 3도 영역에 속하는 소위 '삼위(三位)의 교육체'라고 볼 수 있다. 이들 삼위의 교육체가 실제 연주나 노래를 하기 전에 조율 과 연습을 얼마나 충실히 하였는가에 따라 청중에게는 왈츠로 들릴 수 도 있고 진혼곡으로 들릴 수도 있으며, 또한 협화음으로 즐거운 음악이 될 수도 있고 불협화음으로 짜증스러운 소음이 될 수도 있다.

현재까지 우리의 '교육 트리오'는 나름대로의 최선을 다하여 지휘를 하고 악보를 쓰고 연주를 하였다고 생각할는지 모르지만 유감스럽게도 일반 청중들은 이들이 충실하게 소임을 다한 것으로 보지 않고 있다. 특히 음악에 다소 소양이 있다고 자부하는 일부 청중들은 '교육 트리오'가 그들을 무시하거나 얕보면서 자기들 마음대로 지휘봉을 머리 위로 치켜 세우거나 배꼽 아래로 팔을 내리기도 하고, 지휘자의 눈치를 보면서 눈가림식으로 대충 다른 악보를 변용하거나 적당히 겉치레를 하기도 하고, 새로운 연주 테크닉을 부단히 연마하기보다는 지휘자가 정해 준 고정적인 레퍼토리로 지정석에 앉아 특권을 누리며 수익 계산에만 급급하여 왔다고 극히 부정적으로 생각한다. 또한 많은 청중들은 트리오의 수장들이 간혹 엉터리 연주를 할 때마다 불평과 야유를 보내지만 그들은 아랑곳하지 않을 뿐만 아니라, 특정 학연 고리로 연결된 트리오의 수장들과 일부 실세 수하들은 번번이 국가정책결정이나 재정분배를 하면서 상호 간 밀어주고 끌어 주는 지나치게 돈독한 정리(情理)를 발휘함으로써 "자기들끼리 다 해 먹는구나"라고 생각하고 있다. 이러한 잘못된 인식을 불식시키기 위해서라도 '교육 트리오'는 지금이라도 심기일전하여 청중의 기대와 수준에 적합한 곡을 쓰고 충실한 연주를 해 주기 바란다.

만일 이들이 진정으로 반성하는 빛을 보이지 않고 오늘의 경제발전과 교육기회 확대가 다 그들의 공이라고 자화자찬하면서 패거리를 지어 거들먹거리면서 목에 힘을 주고 다닌다면, 일반 청중이 과연 그들에게 갈채를 보내겠는가를 깊이 있게 생각해 보아야 할 것이다. 우리의 '교육 트리오'는 여태까지 과연 청중이 바라는 곡을 연주하기 위해 열심히 준비하고 이를 혼신을 다하여 연주해 왔는가를 겸허하게 반추해 보아야 한다. 이들이 사심 없이 공명정대하게 각자 맡은 임무에 최선을 다하고 오직 청중을 위해 훌륭한 연주를 들려줄 때 비로소 만장의 뜨거운 박수갈채를 받을 수 있을 것이다.

제8장

■ 한국사회의 학력·학벌주의

한국사회의 학력·학벌주의: 근원과 발달

이정규 저/집문당 펴냄

〈서평: 한국대학신문 윤지은 기자 글〉
한국대학신문 2003년 6월 10일자
http://www.unn.net/

우리 사회를 이야기할 때 주요한 특성 중의 하나는 독특함에 수긍하고 알만해서 고개를 끄덕일 세계적인 수준의 놀라운 교육열(높은 학력에 좋은 학벌을 얻고자 하는 열의)이다.

한국교육개발원 연구위원 겸 홍익대 겸임교수인 이정규 박사의『한국사회의 학력·학벌주의: 근원과 발달』이라는 책에서는 바로 우리 사회의 오랜 학력·학벌주의의 태동과 이의 사회적 만연 요인을 파악해 사회적 폐해를 조금이라도 줄여 보자는 교육학자적 소명이 엿보인다. 그만큼 그것이 문제인 탓이다.

이를 증명하듯 그의 책에서 '한국인들은 일반적으로 사람다운 삶을 위해서 대졸 이상의 학력이 필요하며 출세를 위해 일류대학의 졸업장이 절실히 필요하다고 인식하고 있으나 학력이 높고 학벌이 좋은 사람에 대한 도덕성, 책무성, 사회공헌도 면에서는 부정적으로 평가해 학력과 학벌의 가치에 대한 인식의 표리를 나타내고 있다'라는 말을 통해 학력·학벌주의의 사회적 문제를 극명히 드러냈다.

고려시대까지 거슬러 올라가 시대적 반추를 통해 이루어지는 학력·

학벌주의의 근간 파헤치기는 한국사회의 오랜 전통처럼 굳어진 권력과 부의 획득수단으로서의 교육상을 전형적으로 보여 주고 있어 이 같은 악습이 언제 무엇으로부터 근거한 것이며 이것이 오늘날에 이르기까지 사회적으로 어떤 가치를 지니며 굳어져 왔는지 알려 준다.

권력과 부를 획득할 수 있는 수단으로서의 교육이 분배되는 기회가 균등하지 못했다는 점, 결국 교육은 우리 사회에서 특권층에게 기득권을 지속하고 유지 및 승계할 수 있도록 도와주는 아주 그럴듯해 보이는 사회적 불평등 재생산의 도구로 전락했다는 점을 다시 한 번 이 책을 통해 확인할 수 있다.

이정규 박사는 학력·학벌주의에서 출세지향주의로 번진 이 사회의 병폐로부터 보다 자유로울 수 있기 위해 교육적 측면을 비롯해 사회문화, 정치경제적 측면 등 다양한 접근을 통해 몇 가지 방법론을 제시했다.

권력집단이나 사회 경제적 이익 집단에 편만한 일종의 이데올로기 현상 또는 파워게임 현상으로 비쳐지는 학벌주의가 학력주의에 이어 일반화되어 가는 오늘날의 현실. 이른바 KS(경복고－서울대) 라인이 정재계를 주름잡아 온 우리 사회에서 서울대 폐교 주장에까지 설득력을 더해 주고 있는 것은 이 같은 현실에 대한 자각 때문이다.

사회공익이 아닌 개인의 입신양명을 위한 신임장과 간판의 역할을 함으로써 기득권을 강화하고 세습체제를 굳히는 학력·학벌주의에 다시금 일침을 놓지 않을 수 없는 때 이 책은 그 길잡이 역할을 해 줄 수 있을 것으로 기대된다.

43

학력 · 학벌주의와 입시제도, 필연인가 악연인가?

국가대사의 하나로 올해도 어김없이 대학신입생 선발을 위한 수학능력시험이 전국에서 동시에 실시되었다는 보도를 접하였다. 이 보도를 보면서 수험생과 수험생의 학부모는 물론 온 나라가 '수험광기'에 휩싸여 곤욕(?)을 치르고 있는 모습을 충분히 그려 볼 수 있었다. 필자는 서구의 몇몇 나라에서 공부를 하고 지금도 이곳 캐나다에서 생활하고 있지만 대학입학을 위해 이렇게 온 나라가 수선을 떨고 보도 매체들이 앞다투듯 극성을 부리는 과열현상을 본 적이 없다. 무엇 때문에 수많은 사람들이 과도한 교육 열기에 극심한 몸살을 알아야 하고, 무엇이 이러한 광기(?)를 조장 내지는 지속시키고 있는 것일까?

이러한 병인을 치유하기 위해 대한민국정부 수립 이후 그동안 수많은 교육행정가와 교육학자들이 갖가지 처방전을 제시하여 적절한 약도 쓰고 증상이 심한 환부를 수술한다고 가위와 칼도 대어 보았지만 우리 교육의 고질병은 치유되기는커녕 점차 악하되어 왔다고 해도 과언이 아니다. 새 정부가 들어설 때마다 교육 개혁을 하겠다고 목청을 높여 가며 애를 씀에도 불구하고 왜 조금도 나아지는 기색이 보이지 않는 것일까? 여러 가지 이유가 있겠지만 원인을 제대로 찾지 못하거나 잘못 짚는 것은 아닐까? 무엇 때문에 사교육이 기승을 부리고 과외가 만연하며, 조기유학이 성행하고 '입시지옥'(?)이 유발되며, 공교육이 황폐화되고 지방대학이 피폐해지며, 청년실업률이 위험수위를 넘어서고 고학력 실업자가 증가하고 있을까? 무엇이 우리의 교육을 대학입시제도라는 올무에 매여 있게 하고, 대학에 자율성 상실이라는 오명을 부여한 채 세계화의 흐름에서조차 낙오시키고 있는 것일까? 그리고 무엇이 우리 사회에 학력주의와 학벌주의라는 이데올로기의 족쇄를 채우고 있는 것일까?

국가주의 교육 이데올로기의 탈을 덮어쓴 대입제도는 유·초·중등교육을 볼모로 붙잡고 학력 경주를 벌이며 학생들을 선착순 순위경쟁에 몰아넣고 있으며, 학부모들은 이 경쟁에서 그들 자녀들이 남보다 조금이라도 우위를 차지할 수 있도록 수단과 방법을 가리지 않고 있다. 이로 인해 많은 학생들이 대입에 '효율성과 생산성이 높은' 학원과 과외에 매달리며 세칭 일류대학 일류학과 입학을 위해 밤잠조차 제대로 자지 못하고 있으며, 학부모들은 자녀의 사교육비 조달은 말할 것도 없고, 일부 열성 학부모들은 촌지와 뇌물성 선물마저도 마다하지 않고 있다.

실로 우리나라에 만연한 학력·학벌주의가 이러한 교육광기의 근원이며 이상적인 대학교육 발전을 저해하고 있는 핵심 요인으로 볼 수 있다. 현재 우리 사회에서 학력·학벌주의는 개인의 삶의 기회 선택뿐만 아니라 개인과 집단의 사회적·경제적 지위와 특권을 결정하는 핵심적 가치이자 도구로 인식되고 있다. 특히 학벌주의는 '현대판 문중', 혹은 '현대판 카스트'로 인지되면서 새로운 지배계급을 형성하는 주요 요인이 되고 있으며, 우리 교육의 올바른 활력과 방향 감각을 마비시켜 '죽기살기식'의 광기로 몰아넣는 환각제가 되고 있다.

이런 맥락에서 볼 때, 우리의 교육은 학력과 학벌을 태동시키는 산실에 불과하며 대입제도는 학력·학벌주의를 조장하는 주형에 지나지 않는다고 해도 지나친 말이 아니다. 무엇보다도 우리 사회에 팽배한 학벌주의를 먼저 타파하지 않고는 어떠한 교육정책의 수립이나 교육개혁도 큰 성과를 거두기 어렵다고 본다. 학벌주의의 극복 대책 없인 어떠한 사교육비 경감 방안도, 혁신적인 대입제도 개선책도 수포로 돌아갈 가능성이 높다. 여태까지 그랬듯이 사회체제의 혁신이 선행되지 않는 교육개혁은 속된 말로 '도로 아미타불'일 뿐이다.

그러므로 학력·학벌주의와 대입제도는 필연(必然)이자 악연(惡緣)이라 볼 수 있다. 무엇보다도 이 연(緣)을 끊는 것이 한국 대학 교육 발전을 위해 선행되어야 할 일이다. 이를 위한 몇 가지 가장 손쉬운 방법으로는 첫째, 공교육 정상화와 창궐하고 있는 비건설적인 사교육 근절을 위해 국가주도의 대학입학시험제도를 조속히 폐지함과 동시에 지방자치단체와 고교교사 주도의 가칭 '고졸학력자격시험제'를 실시하고 둘째, 학벌주의 타파를 위한 확실한 법제도의 마련과 철저한 집행 및 공공기관과 사기업체에서의 특정 학벌 고용상한제와 지역 안배에 따른 인재할당제를 실시하고 셋째, 교육부가 국립종합대학을 평준화시킨 후 대학 행정에서 미련 없이 손을 떼고 모든 대학을 지방자치단체나 사립법인에게 맡겨 신입생 선발을 포함한 대학의 모든 기능을 스스로 해결할 수 있도록 하고, 끝으로 대학의 질적 향상을 위해 학과별 혹은 전공별로 인정제도(Accreditation System)를 주기적으로 철저히 실시하고 특히 사학의 건전한 육성을 위해 대학기관평가를 엄정하게 시행하여 대학의 공적인 책무기능을 강화시켜야 한다.

44

학력·학벌주의와 한국의 고등교육

‒ 이 칼럼은 필자의 저서 "한국사회의 학력·학벌주의: 근원과 발달" 서장 (pp.3‒10) 중에서 인용하였음을 밝힌다. ‒

우리 사회에서 언제부턴가 '학력차별철폐', '학력·학벌파괴'란 구호가 음지에서 회자되기 시작하더니 97년 말 경제위기 이후 산업계 구조조정의 시작과 더불어 이 화두들은 "현대판 카스트, 학력차별 무덤까지 간다. 당신의 학벌!"(한겨레신문사, 2000)로 탈바꿈되어 양지에서 공론화되고 있다.

우리나라 개국 이후 최초의 경제 환란으로 불리는 '1997년의 경제위기'로 인하여 일반적으로 저학력자로 이루어진 저임금계층 혹은 단순노동직계층이 구조조정의 첫 대상이 되었다. 이로 인하여 정규직 근로자 수는 점차 감소하고 임시직과 일용직 근로자 수가 증가하게 되어 고용불안정 상태를 초래하게 되었다. 「경제활동인구연보」(통계청, 1997‒2000)에 의하면, 1996년에 '종사상 지위별 취업자 구성비'에 있어서, 상용직 35.6%, 임시직 18.5%, 일용직 8.7%였으나, 국제통화기금(International Monetary Fund: IMF) 관리 이후인 1999년에는 상용직 29.8%, 임시직 20.6%, 일용직 11.3%로 임시직과 일용직 근로자 수가 상용직 근로자 수를 능가하게 되었다. 또한 저학력자의 비정규직 종사자 수도 증가하여, 1997년 6월 전체 정규직 종사자 중에서 고졸 이하가 차지하는 비율이 58.1%였으나 2000년 6월엔 49.8%로 급감되었다(한국노동연구원, 2001). 이러한 저학력자의 급격한 비정규직화는 학력 간 소득 격차를 더욱 확대시키는 결과를 초래하였다. 노동부(1997, 2000)의 「임금구조 기본통계조사 보고서」에 의하면, 당해 연도 고졸 임금 수준을 100으로 하였을 때, 대졸 이상의 임금은 1997년에 145.5였으나, 1998년에는 149.0, 1999년에는 151.7로 나타나 97년 경제위기 이후 학력 간 임금격차가 해마다 확대되었음을 알 수 있다.

그리고 이러한 저학력자 우선의 구조조정과 실업화·비정규직화는 실업에 대한 불안을 증대시키고 계층 간 생존경쟁을 심화시켜 학력 경쟁 내지는 학력 인플레 현상을 더욱 촉진하게 되었다. 이는 1997년 6월 취업 노동자의 30.4%(391만 명)를 점유하던 전문대졸 이상 학력자의 비율이 2000년 6월에는 34.4%(455만 명)로 증가한 것으로 입증되고 있다. 최근에 이르러 학력 경쟁 현상은 생존적 차원에서 더욱 치열해지고 있다. 지난날 고졸자들이 하던 일을 지금은 전문대 혹은 대학 졸업자들이 그 일을 하기 위해 문을 두드리고 있으나, 취업을 하기란 여간 어려운 일이 아니다. 작년 12월 현재 15-24세의 청년 실업자가 22만 8000여 명에 이르러 청년 실업률이 10.6%로 전체 평균 실업률 3.4%의 3배를 능가하고 있다. 그리고 2001년 12월 현재, 전국 4년제 대학 2002년 2월 졸업예정지 200,363명 가운데 진학지와 입대지를 제외한 취업자는 45,242명으로 순수취업률이 22.6%에 지나지 않는다고 교육인적자원부가 밝히고 있다. 이와 같은 극심한 취업난에도 불구하고, 청년 실업자의 대부분을 차지하는 대학졸업예정자들은 규모가 작고(Small

-Size) 임금이 낮고(Small-Pay) 단순한 일(Simple-Work)로 구성
된 3S 직종은 기피하고 있는 현실이다. 이러한 현상 가운데서도 대다수
의 직장인들은 현재의 일자리를 지키기 위하여 학력 상승을 추구하고
있다. 실로, 현재의 학력 인플레는 투자에 비하여 소득이 적은 소모적
인 학력 경쟁을 하고 있다고 볼 수 있다.

이러한 학력 경쟁은 시대적인 흐름에 따른 직종의 다양화와 전문
화에도 기인하지만 무엇보다도 산업사회에서 지식기반사회로의 변천
과정에서 형성되고 있는 새로운 정치·사회·경제구조와 우리 국민의 가
치관 변화에 크게 기인한다고 볼 수 있다. 시대적 관점에서는 특히
1945년 일본 식민정치로부터 해방 이후, 교육 기회 확대와 경제발전으
로 학력의 경제 사회적 가치가 지속적으로 상승하여 학력주의 사회를
형성하기에 이르렀다. 실로 반세기 만에 우리는 고등교육의 보편화를
달성하고 신흥공업국으로 부상하여 1996년 12월에 경제협력개발기구
(Organization for Economic Cooperation and Development: OECD)
회원국의 일원이 되었다. 1945년에 고등교육기관 재학생 수는 7,819명
으로 전 인구 대비 0.04%에 불과하였으나, 2001년에 3,500,560명으로
전 인구 대비 7.5%에 달하게 되었고, 고졸자의 대학 진학률도 70.5%에
이르고 있다(교육인적자원부·한국교육개발원, 2001). 그리고 이러한
고등교육의 확대와 더불어 1인당 국민소득은 1960년에 79달러(미화)로
세계에서 최빈국 그룹에 속하였으나, 불과 40년 만인 2000년엔 9,628
달러에 이르러 약 120배의 급속한 신장세를 기록하여 신흥공업국의 선
두 그룹에 속하게 되었다(한국은행, 2001).

이와 같은 급속한 고등교육의 성장 및 경제발전과 더불어, 그동안
우리 사회에서는 직업 선택과 삶의 기회 결정에 있어서 학력이 그 핵심적
요인으로 작용해 왔다고 해도 과언이 아니다. 서구 자본주의 국가들과 마

찬가지로 우리나라에서도 고학력은 경제적 가치 부여뿐만 아니라 사회적 지위 향상에도 주요한 동인이 되어 왔다. 실로, 고학력자들은 직업 선택에 있어서 고소득이 보장되는 행정·관리직과 전문기술직에 종사할 수 있는 기회가 많은 반면, 저학력자들은 저소득이 주어지는 단순노무직이나 서비스·판매직에 종사할 기회가 많은 것이 일반적인 일이었다. 현재에도 학력은 직업 선택뿐만 아니라 취직과 사회생활은 물론 배우자 선택이나 개인의 인간관계에까지 넓고 깊숙하게 그 영향력을 끼치고 있다.

오늘날 우리 사회에서는 일반적으로 교육의 이수 연한과 출신 학교 및 배경에 따라 직업과 삶의 기회가 결정되고 있다. 따라서 대학 졸업 이상의 학력을 갖추지 못한 사람들은 개인의 능력 유무에 상관없이 사회생활에서 가시적 혹은 비가시적인 학력차별의 불이익을 받고 있으며, 소위 특정 일류대학 출신이 아닌 고학력자들은 학벌차별로 인하여 직·간접적으로 어려움을 당하고 있다. 우리나라에서 98년 현재 대학수준 고등교육을 받지 못한 81%의 사람들 중에서 많은 사람들이 개개인의 삶과 사회생활에서 학력차별을 받고 있다고 볼 수 있으며, 세칭 일류대학교 출신자를 제외한 대다수의 대졸 이상의 학력자들이 다소 차이는 있지만 직·간접적인 학벌차별을 당하고 있다고 볼 수 있다. '한국사회의 학력·학벌문화에 대한 여론조사'(한겨레신문사, 2000) 결과에 의하면, 전국 성인 남녀 700명의 대상자 중에서 학력으로 인하여 취업기회(86.5%), 직장 내 승진(88.6%), 임금·소득 수준(83.4%), 사회적 대우(86.1%) 등에서 차별을 받고 있는 것으로 나타나고 있다. 또한 "학력과 학벌이 좋지 않으면 성공하기 어렵다"라는 의견을 나타낸 응답자가 63.4%에 이르고 있으며, "한국사회에서 성공하려면 일류대학을 나오는 게 중요하다"고 응답한 사람이 64.4%에 이르고 있다(전게서, 18쪽).

특히, 우리 사회에서 학벌주의를 논함에 있어서, 일부 특정 고등학교 출신자 중심의 고교학벌과 소수 특정 대학 출신 중심의 학벌도 경시할 수 없지만, 서울대를 정점으로 한 학벌지상주의는 더욱 많은 문제를 낳고 있다. 물론, 이러한 '서울대 정점의 학벌지상주의' 주장에 대하여 이견이나 반론이 필연적으로 수반될 수 있다. 그러나 학벌 타파를 주장하는 학자들은 서울대 출신을 특수한 신분으로 간주하여 취업, 결혼, 출세경쟁에서 우선권을 부여받고 있을 뿐만 아니라 정치, 경제, 언론, 문화를 지배하는 지배계급으로 주장하고 있다. 이런 주장은 몇 가지 지표에서 명백하게 뒷받침되고 있다. 16대 국회의원 당선자 수(273명)에서 서울대 출신은 105명(38%), 1999년 1월 현재 행정부 3급 이상 고위공직자 561명 중 202명(36%), 2000년 7월 현재 검사 1,191명 중에서 689명(49%), 2000년 현재 4년제 대학 교수 41,943명 중 15,251명(36%)이다(http://antihakbul.org/cgi_bin/). 서울대 출신을 정점으로 한 학벌지상주의는 다소 정도의 차이는 있지만 정치, 경제, 언론, 학문 등의 주요 분야에서 표출되고 있다.

이제 우리나라에서 학력과 학벌은 개인 삶의 기회 선택뿐만 아니라 개인과 집단의 사회적·경제적 특권과 지위를 결정하는 중요한 도구이자 가치가 되고 있다. 학력과 학벌은 정치, 경제, 사회, 문화, 교육 등의 제 영역에 넓고 깊게 뿌리를 내려 학력주의와 학벌주의라는 견고한 가지를 사방에 뻗고 학력주의 사회와 학벌문화를 펼치고 있다. 특히, 학벌주의 내지 학벌문화는 '현대판 카스트' 혹은 '현대판 문중'으로 회자되면서 우리 사회 불평등의 핵심 요인으로, 그리고 우리 공교육 위기와 혼란의 근원으로 타파의 대상이자 질타의 표적이 되고 있다. 또한 혹자는 학벌주의는 새로운 지배계층 혹은 지배계급을 조장할 뿐만 아니라 세습구조 사슬을 형성하는 동인이라고 주장한다. 서울대학교 학생생활연구소(2000)의 '2000학년도 신입생 특성 조사 보고서'에 의하면,

신입생의 학부모 직업이 관리직(26.6%) 또는 전문직(23.2%)이라고 응답한 비율이 49.8%에 이르고 있는 데 반하여, 생산직(9.3%) 또는 농어업(3.5%)의 비율은 12.8%에 그치고 있으며, 전체 응답자의 59.3%가 중류층에 속한다고 대답한 반면, 하류층은 2.7%에 불과한 것으로 나타났다.

이러한 현실을 고려해 볼 때, 교육이 정치·경제·사회적 가치 향상을 위해 도구화에 치중함으로써 우리의 교육은 인격 수양과 교양 함양이라는 대의를 상실한 채 표류하고 있는 것은 아닐까? 이렇듯 방향 감각을 상실한 채 우리의 공교육과 사교육은 한편으로 학력이라는 계층화에 몰두하고, 다른 한편으로는 학벌이라는 파벌화에 동조하고 있는 것은 아닐까? 이런 질문에서 논리를 전개해 볼 때, 교육기관은 학력을 양산하고 학벌을 태동시키는 산실에 불과하며, 국가의 교육제도와 정책은 학력·학벌주의를 조장하는 산파 역할을 하고 있다고 귀결한다면, 이러한 주장은 우리 교육의 공과를 지나치게 폄하하고 있는 것일까?

이 같은 주장을 입증이라도 하듯이, 학원 특구인 서울특별시 강남구 지역을 중심으로 학부모의 과민하고 과도한 교육열로 인하여 부동산 시장이 과열 조짐을 보이고 있다고 보도되고 있다. 왜 이런 현상이 번번이 일어나고 있는가? 학력·학벌주의의 근원은 무엇이며 그 가치는 어떻게 변화·발전되었는가? 우리 사회는 정말 치유 불가능한 고질적인 학력병과 학벌병에 걸려 있는 것일까? 이를 치유할 수 있는 처방이나 특효약은 과연 없는 것일까?

이런 문제에 대한 해결책을 찾기 위하여, 한국사회에 있어서 학력주의와 학벌문화의 형성과 발달을 심층적으로 탐색하고, 학력주의의 가치 변화를 여러 가지 측면에서 심도 있게 논리적·실증적으로 분석하여 우리 사회의 계층 간 상존하고 있는 불협화음을 조율하고, 위기에 처한 우리의 교육을 정상화 내지 내실화할 수 있는 방안을 모색할 필요가 있다.

45

해묵은 대학수학능력시험 과감히 틀을 바꾸어 보자

　　학력 경쟁은 태초부터 공정성을 지닐 수 없는 속성을 지니고 있다고 생각한다. 사람마다 타고난 환경과 성장기의 생활여건 및 현재 처해 있는 상황이 각자 다를 뿐만 아니라, 공부의 집중도와 학문의 열정 시기 또한 개인에 따라 다르다. 타고난 환경이라 함은 출생 국가나 지역, 부모의 사회적 지위나 배경, 경제적 수준, 학력의 정도 등을 들 수 있으며, 성장기의 생활여건이란 성장과정, 생활환경, 지리적 및 공간적 여건 등을 말한다. 그리고 현재의 처해 있는 상황이란 본인의 건강상태와 학업에 대한 열의도, 부모의 사회경제적 수준 및 자식의 학업에 대한 실질적 지원 정도와 관심도 등을 말한다.

　　이렇게 개인의 선천적 조건과 환경 및 후천적 제반 여건이 각자 다름에도 불구하고, 이를 경시하고 지금까지 우리의 대학수학능력시험은 '합리적인 수학(修學) 적격자 선발 기제'로서 모든 입시생들을 동일한 조건의 가정하에 두고 시행되어 왔다. 이 시험 결과가 개인의 학업 능력만을 판단한 것에 불과하지만, 전인적인 능력을 평가한 최선의 합리적인 기제로 암묵적으로 공인되어 왔다. 일반적으로 이 시험 결과의 순위에 따라 서열이 앞선 사람은 대학선택과 장래 사회생활에서 갖가지 프리미엄을 받게 되고, 그렇지 못한 사람은 서열의 정도에 따라 차등적인 프리미엄이나 온갖 차별을 받게 되는 것이 과연 능력주의의 원리에 준한 합리적인 평가 방법인지 의문을 갖지 않을 수 없다.

위와 같은 획일적인 평가 방법은 결과 산출에 대한 행정적인 편리함은 있으나 개인의 다양한 조건과 환경을 고려해 볼 때 합리적이고 공정하다고 보기 어렵다. 합리적이지 못하다는 것은 대학수학능력시험의 횟수와 시기가 행정편의주의에 맞추어 있어 수험자의 입장과 처지를 충분히 고려하지도 반영시키지도 못하고 있다는 점이다. 더구나 대학수학능력시험이 각 개인의 전인적 능력을 평가할 수 있는 절대적인 측정도구도 이상적인 측정방법도 아니다. 그리고 공정하지 못하다는 것은 대학수학능력시험 결과가 개인의 출신 지역과 사회계층의 차이를 고려함이 없이 동일한 기준으로 획일적으로 산출되고 석차와 등급이 결정되는 제도의 모순을 말한다.

산간벽지나 농어촌과 같은 외딴 시골지역이나 도시의 빈민지역에 사는 저소득층 자녀와 도시의 부유층 내지 중상위층 지역에 사는 고소득층 자녀가 공정한 학력 경쟁을 한다고 보기는 어려울 것이다. 이와 같은 불합리하고 불공정한 학력 경쟁에서 과연 얼마나 많은 저소득층 자녀들이 지위상승을 이루어 사회 평등을 실현하고 나아가 국가발전에 주요 동력의 일원으로서 동참할 수 있겠는가? 한 세대 전만 하더라도 향학열에 불탄 일부 저소득층 자녀들 중에서 고득점을 하고 고학력 일류 학벌을 통해 사회지위 상승을 이룰 수 있었으나, 현세대에서는 이들 저소득계층 자녀들이 교육을 통해 사회지위를 상승할 수 있는 기회가 점차 멀어지고 있다.

오늘날 우리 한국사회에선 학습자의 조건과 환경의 차이점을 경시한 채 단 한 번 치러진 대학수학능력시험으로 산출된 점수가 능력주의의 실현이라는 명분하에 전인적 능력 점수로 당연시되고, 나아가 이를 바탕으로 이루어진 학력과 학벌이 준신분화 내지 준제도화되어 점차 세습화 경향을 보이고 있다. 현재 우리 사회에서는 학력과 학벌, 재력과 직업에 따라 사람마다 등급이 매겨져 있다고 말한다면 과연 틀린 말일까?

대다수의 한국 사람들이 지나친 학력 경쟁으로 학교생활에선 말할 여지가 없고 제반 사회생활에서조차 갖가지 불이익과 차별을 받고 있다면 이 얼마나 불합리한 사회인가! 이런 불합리한 사회를 조장하는 단초 내지 촉매 역할을 하는 국가관리 대학수학능력시험을 언제까지 계속할 것인가? 제발 이제 해묵은 틀을 과감하게 속 시원하게 바꾸어 보자.

46

개천에서 용 날까?

앞으로 우리 사회에서 개천에서 용이 태어날 수 있을까? 우리의 지난 근현대사를 간략히 되돌아봄으로써 이 물음에 대한 해답을 찾고자 한다.

19세기 말 외세의 압력에 의한 갑오개혁 이후 봉건신분체계가 급격히 무너지고 새로운 사회체제와 더불어 신학문 중심의 관료선발제도와 입직제도가 도입되었다. 비록 신학문에 의한 새로운 사회체제가 자리를 잡게 되었지만, 학력(學力)이 곧 권력과 금력에 이르는 최상의 지름길이라는 사실을 알고 있던 지난날 양반계급의 주류들은 적지 않게 그들 자제들을 당시 일본인 관립학교나 경성제국대학으로 진학시킴으로써 사회지배계층으로 재진입을 도모하였다.

이들 관립학교 출신들은 대다수가 관공서 관리나 교원으로 진출하였고, 경성제대 졸업생들도 주로 관공서, 학교, 병원, 은행에 취업하여 피지배국민으로서 사회경제적으로 중상층의 지위를 누릴 수 있는 특혜를 받았다. 다행히도 일부 서민들 중에서 이들 자제들도 실업학교, 사범학교, 혹은 군관학교에 진학하여 이런 특혜의 대상자로 편입되는 '행운'을 잡기도 하였지만 극소수에 지나지 않았다. 서민계층은 봉건신분

사회에서 양반들이 학력을 통해 권력과 금력을 유지해 온 것을 익히 보아 온 터라 학력이 곧 그들에게 계급분화와 경제적인 재화 획득을 가져다줄 수 있는 유일한 수단임을 잘 알고 있었다. 그러나 대다수의 서민들은 교육을 통해 지위상승을 도모하기엔 신분적 위계가 심리적 혹은 환경적으로 정리되지 않은 상태에 있었을 뿐만 아니라, 경제적으로도 교육비용을 감당할 만한 능력이 없었다. 그럼에도 불구하고 비록 소수지만 지난날 비기득권 계층에서 교육을 통한 계급분화가 서서히 이루어질 수 있었다.

그 후 미군정과 더불어 서구의 민주주의 정치사상이 유입되고 학력의 형식적 가치가 더욱 중시됨으로써, 한편으론 서민층이 중등 및 고등교육에 보다 쉽게 접근할 수 있는 기회를 갖게 되었고, 다른 한편으론 미국이나 유럽의 해외 유학파나 경성제대를 포함한 일본제국대학 출신자들이 사회지배계층을 거의 장악하다시피 함으로써 일반인들이 학력의 가치를 재각인하게 되었고, 동시에 교육에 대한 열망을 터뜨리게 하는 계기가 되었다.

대한민국 정부가 수립된 이후 과도기를 거쳐 1960년대의 국가경제 개발시기에 이르러 산업화와 민족적 자본주의체제 구축을 시도함으로써 인력개발계획을 세워 중등 및 고등교육기관을 통해 인적자원 양성을 추진하였다. 그 결과 서민들에게 중등 및 고등교육 접근 기회가 더욱 확대되었고, 공업화와 더불어 그들에게 교육을 통한 사회지위 향상 기대와 계급분화의 길이 열리게 되었다. 이 시기가 "가난한 집 아이들이 공부를 더 잘한다"고 추켜세우며 가난한 사람들에게 희망을 심어 주던 시절이며, 중간계층 이하 서민층의 공부 깨나 한다던 자녀들이 빨리 돈 벌어서 가정에 도움을 주고자 농·공·상고에 진학 붐이 일던 시절이다. 또한 시골에선 소위 '논 팔고 소 팔아 대학 공부시키던 시절'이기도 하다. 그러나 이때에도 사회지배세력은 여전히 일본육사나 만주군관학교를 포함한 일본유학파나 경성제대 출신 그리고 구미유학파가 주축을 이루고 있었다.

그 후 1970년대와 80년대의 괄목할 만한 경제발전 시기를 맞이하면서 자본주의 사회체제의 구축과 아울러 '가진 자'와 '가지지 못한 자' 간에 벽이 높아지기 시작하고, 소위 IMF라 칭하는 90년대 경제위기 이후엔 그 벽이 더욱 높아지고 두터워져 감히 뛰어넘을 수도 침입할 수도 없는 '난공불락의 벽'이 형성되고 말았다고 해도 과언이 아니다. 일반 서민들에게 비록 교육기회는 증대되었지만 부모의 사회경제적 지위나 계층에 따른 교육의 불평등과 학력의 수직적·수평적 분화가 가속되고 있다. 특히 수평적 분화가 이데올로기로 변질한 학벌주의는 서울대를 정점으로 한 대학의 서열화가 고착화되고, 이러한 현상이 점차 사회 전반에 확산되어 준제도화 및 준신분화됨으로써 사회 불평등과 불화를 더욱 심화시키고 있다.

앞으로 우리 사회에서 부모의 사회경제적 배경이 열악한 아이들이나 소외계층 자녀들이 소위 '개천에서 용 나는 일'이 일어날 수 있을까? 만일 사회체제를 현 상태로 존속시킨다면 이런 일은 로또 복권 당첨 확률만큼 어렵게 일어날지도 모른다. 우리의 위정자와 기득권자들이 이들의 장래를 위해 약간이라도 사려 깊은 배려와 양보를 할 의향은 없는지?

47

참여정부와 학벌독점

개혁과 신(新)바람을 바라는 사람들의 전폭적인 지지를 받고 닻을 올린 노무현 정부는 '참여정부'라 명명하고 출범한 지 이제 석 달이 넘었다. '참여정부'호에 승선한 선장(대통령)과 항해사들(대통령 비서진들) 및 기관사들(국무위원들)은 반칙과 특권이 통하지 않는 사회, 법과 원칙이 바로 서는 사회, 차별과 부패가 없는 사회를 만들겠다고 승객들(백성들)에게 약속하고 개혁을 향한 힘찬 고동을 울리며 새로운 항해를 시작하였다.

그동안 우리 사회에서는 원칙과 타협보다는 반칙이나 독단이, 법보다는 권력이나 금력을 앞세운 특권이, 정도와 질서보다는 편법(잔꾀)과 무질서(새치기)가, 성실과 근면보다는 요령과 한탕주의가, 평등과 호혜보다는 차별과 독점이 득세하면서 선량한 사람들에게 탄식과 분노의 도를 넘어 회의와 좌절을 안겨 주었다. 우리 사회가 이 지경에 이른 데는 무엇보다도 권력이나 금력, 고학력이나 일류학벌을 배경으로 한 사회지배계층이나 상류계층의 소아적인 이기적 독선과 횡포가 결정적인 원인을 제공하였다고 해도 결코 지나친 말이 아닐 것이다.

이렇게 비뚤어지고 병든 사회를 바로잡아 달라는 국민들의 간절한 열망이 소위 '학벌 엘리트' 후보 대신에 '무학벌 보통사람' 후보를 대통령으로 선출하였다고 본다. 바꾸어 말하자면, 이 나라에서 소수 특정인이나 특정 학벌집단만이 '어깨 펴고 목에 힘주면서' 우쭐거리며 사는 사회가 아닌, 보통사람들도 최소한 마음 편안히 살 수 있는 사회가 되기를 소망하면서 서민 출신 후보를 뽑았다는 말이다.

언제부턴가 우리나라의 중앙권력은 특정 학벌에 의해 독점되다시피 하고 있다. 이번에 출범한 새 정부의 고위공직자 인적 구성도 예외가 아니다. 오히려 정부의 권력 구조가 특정 학벌에 의해 더욱 독점화되었다고 볼 수 있다. 대통령의 직무 수행을 보좌하는 참모 격인 청와대 비서실장, 보좌관, 수석 등의 장·차관급 비서진 13명 중 11명이 서울대 출신으로 전체의 85%에 이르고 있다. 그리고 국무총리와 19개 부처 장관을 포함한 20명의 각료 가운데 서울대 출신이 12명으로 60%를 차지하고 있다. 중앙정부 각료의 특정 학벌 독점 비율은 지난 '국민의 정부'와 비슷하나 대통령 참모진의 진용은 특정 학벌에 의해 '점령'되었다고 해도 과히 지나친 말이 아니다.

서민 출신인 노무현 대통령은 소위 '참여정부'라는 기치 아래 개혁과 혁신을 바라는 국민의 여망을 담아 각계각층에서 의견을 수렴하고 인물을 추천받아 적재적소에 국정을 잘 이끌고 나갈 수 있는 유능한 인물을 발탁하겠다고 공언하여 왔고, 이를 위하여 부단히 애써 왔다고 생각한다. 대통령 비서진은 차치하고 각료의 인선 결과를 놓고 볼 때 인선에 대해 고심한 면을 엿볼 수 있는 것도 사실이다. 예를 들자면, 역대 정권과는 달리 4명의 여성장관을 기용하면서 권력실세 부서인 법무부 장관에 개혁성향을 지닌 40대 여성을 임명하고, 행정자치부에도 진보적인 정치성향을 지닌 40대 남성을 장관으로 선발하고, 문화관광부 자리에도 관료주의 사회에 때 묻지 않은 예술인을 발탁한 것이다.

　　이런 인선 결과를 놓고 볼 때, 역대 정권에 비하여 이번 정부의 각료 인선은 여성의 고위 공직 진출 확대, 연공서열 및 연령 파괴, 개혁·진보성 인물 등용이라는 측면에서는 과히 파격적이라고 볼 수 있다. 그러나 소위 '적재적소 원칙'하에서 실행된 조각의 결과는 이번에도 예외 없이 특정 학벌(서울대)이 중앙 권력의 핵심부를 장악함으로써 현재 우리 사회에 학벌주의가 극도로 심화되어 있을 뿐만 아니라, 유능한 국가 인적자원 활용 기회가 어느 특정 집단에만 지나치게 편중되어 있다는 사실을 또 한 번 입증해 주고 말았다. 능력본위로 공명정대하게 인재를 선발하였음에도 불구하고 특정 학벌의 독점 권력 장악이라는 결과로 나타난 것이라면 경악을 넘어서 심히 우려를 금치 못할 일이라고 생각한다. 이번 인선이 전통적으로 우리나라의 권력층에 팽배해 있는 연고주의나 정실주의에 의한 인물 발탁이나 천거에 의해서가 아닌 최대한의 성의를 다한 '공정한 게임'에서의 결과라면 문제의 심각성은 더욱더 크다 할 수 있다.

48

학벌주의 타파 특단의 정책 세워라

언제부터인가 우리 사회는 봉건왕조시대의 문벌신분 사회처럼 학벌신분 사회화되어 최고 특정 학벌이 권력과 부, 특권과 이익을 독과점하게 되었다. 이런 특정 학벌의 권력 독점화는 타 분야에까지 널리 파급되어 이익 집단화의 거점이 되면서 학벌의 확대재생산의 효과를 가져올 뿐만 아니라, 문화자본(cultural capital)화되어 학벌의 세습화를 초래하여 계층 간 불평등을 심화시키고 있다.

실로 특정 학벌의 권력독점화는 '참여정부'가 바라는 국민화합의 기조에도 위배될 뿐만 아니라, 다양한 민의를 수렴하여 참여정치를 열겠다는 근본적 취지에도 반(反)하는 일이다. 새 정부가 진정으로 국민이 참여하는 '상생(相生)의 정치'를 바란다면, 특정 학벌의 권력 독점을 과감히 해체하거나 최소화하여야 할 것이다. 만일 현재와 같이 특정 학벌의 권력 독점이 지속된다면 조선조 당파정치에서 자행되었던 것처럼 공정한 국사논의나 정책결정에 한계를 지니지 않을 수 없게 될 것이다.

일례로, 지난 세대 이래 지금까지 우리나라의 백년대계를 책임지고 있는 교육부(현재 교육과학기술부)는 몇몇 경우를 제외하고 장·차관을 위시한 대부분의 국장직까지도 특정 학벌(서울대)이 장악해 오고 있다. 지난 김대중 정부 이후의 경우만 보더라도 교육부는 서울대 중에서도 사범대학 출신이 주축을 이루어 오고 있다. 우리나라의 뿌리 깊은 파벌주의와 연고주의의 문화적 전통을 비추어 볼 때, 과연 지금의 교육부 학벌구조가 사제지간, 선후배지간, 동기간의 학연 고리에 얽매이지 않고 국가 대사를 공명정대하게 처리할 수 있으며, 또한 각계각층의 다양한 의견을 수렴해서 민주적인 정책입안과 합리적인 정책결정을 할 수 있겠는가를 반문하지 않을 수 없다.

그동안 역대 정부에서 교육부의 실세들이 다양한 학벌을 지닌 인적 구성원들로 이루어졌더라면, 서울대 퍼주기식 '두뇌 한국(Brain Korea) 21' 사업, 기득권 세력에 밀린 법대와 의대의 학부폐지 및 전문대학원제도 도입, 권력실세의 압력에 밀린 국가고시(사법, 행정, 외무)제도 개선, 국가주의적 특정 학벌집단 세력의 아집에 의해 시행착오를 겪는 입시제도 개혁 문제 등이 보다 쉽게 풀리어 오늘날과 같은 교육위기와 파행이 도래하지 않았을는지도 모른다.

만일 중앙 권력의 특정 학벌 독점이 그대로 유지된다면, 현 정부가 주창하는 '참여정치'의 실현 가능성은 구호에 지나지 않음은 물론, 심화일로에 있는 학벌주의를 더욱 부추겨 학교는 학벌양성소로 전락되고 우리 사회는 학벌신분사회로 서열화되어 사회 불평등이 더욱 심화될 것이다. 이런 우려를 불식하고자 하는 열망에서, 노무현 대통령과 참여정부 고위공직자들에게 고하고 싶다. 진정으로 국민화합 가운데 각계각층의 목소리가 반영될 수 있는 '참여정부'를 실현코자 한다면 다음과 같은 일을 결단코 수행해 주길 간곡히 권고한다.

첫째, 특정 학벌의 중앙 권력 독점을 막고, 공명정대한 국가 운영과 다양한 의견 수렴을 할 수 있도록 정부의 고위공직에서 특정 학벌 독점을 금지하는 법안을 제정하라.

둘째, 사회 불평등구조를 개선하고 국민화합을 도모할 수 있도록 각종 공직이나 직장에서 성, 나이, 지역, 출신학교, 학력, 종교, 인종으로부터 차별을 철폐하고, 소외계층을 위하여 사회적으로 적극적 우대 조치(affirmative action)를 베풀 수 있는 특별법을 제정하라.

셋째, 국가 인적자원의 효율적인 활용 차원에서 지역 간, 계층 간 균형적인 발전을 촉진시킬 수 있도록 공직 및 산업체의 인력 채용 시 한시적으로나마 지역별, 출신대학별 인재할당제를 조속히 실시하라.

끝으로, 학벌주의 타파의 일환으로 먼저 공직에서라도 관료사회의 고질적인 병폐인 특정 학벌 연결고리를 끊을 수 있도록 동일 부서 내에서의 동일 학벌의 공직자 비율을 제한할 수 있는 특단의 제도 장치를 만들고, 무엇보다도 근원적으로 학벌주의를 척결할 수 있는 혁신적인 사회제도와 교육제도를 강구하라.

49

교육 양극화, 해법은 무엇인가?

몇해전 청와대 홈페이지에 떠오른 "교육 양극화, 그리고 게임의 법칙"이라는 브리핑 보고서에서 대학입시는 불공정한 게임이며 가정환경이 교육 양극화의 중요한 요인이라고 지적하였다. 우리 사회에서 교육 불평등에 대한 담론은 일찍이 1990년대부터 교육학계에서 제기된 이후 '2000학년도 서울대 신입생 특성 조사' 보고서가 언론 매체를 통하여 발표됨으로써 대중의 이목을 받게 되었다.

예로부터 한국사회에서 교육은 개인의 입신양명뿐만 아니라 가문의 명예와 부귀영달을 유지하기 위한 유일한 수단이었다. 19세기 말 반상신분제도가 혁파된 이래로 교육은 한편으론 개인의 출세 도구로써, 다른 한편으론 신분상승 내지는 계층이동의 수단으로써 사회 평등화에 기여해 왔다. 그러나 선진산업사회로의 진입을 목전에 둔 시점에서 우리나라의 교육은 자본주의 사회화와 학력/학벌 사회화로 인해 사회경제적 지위를 대물림 혹은 확대 재생산하는 문화화패로서, 사회 불평등 내지는 사회 양극화를 심화시키는 결정적 요인으로 새롭게 인식되고 있다. 즉 교육이 직업 선택과 삶의 기회 결정의 기제로, 또한 사회경제적 특권과 지위를 선점 혹은 전승하기 위한 출세 수단으로 인지되고 있다.

청와대의 교육 양극화 보고서는 교육 불평등이 야기된 한국사회의 고질적인 구조적 문제－학력·학벌 사회화, 직업차별 의식구조, 양극화의 준신분구조 등－에 대한 근본적인 해결책은 외면한 채, 교육 양극화로 인해 우리 사회는 빈부격차, 지역격차, 학력격차, 직업격차, 사회계층격차가 점차 증대되어 빈부 양극화, 자산 양극화로 사회 불평등이 심화되고 있다는 논리에 주안점을 맞추고 있는 것 같다. 청와대 보고서가 주장한 대로, 교육 불평등의 심화는 교육의 양극화를 형성하고, 이는 곧 자산의 양극화 내지는 빈부의 양극화를 수반하고, 나아가 새로운 신분의 양극화와 사회의 양극화를 초래할 수 있다. 이런 심화 현상은 나아가 사회 갈등을 유발하며 계층 간 위화감을 형성하고 새로운 양극화의 준신분 구도를 구축하여 사회화합과 국민통합을 저해할 수 있다.

일례로, 국민의 세금으로 운영되고 있는 국립서울대학교에 주로 특정 지역 중상류계층의 자녀들이 다수 입학하여 저비용(낮은 등록금)으로 고효율(높은 사회경제적 프리미엄)의 혜택을 누린다면, 사회경제적 하위계층의 자녀들이 지위상승을 도모할 수 있는 기회가 요원해질 뿐만 아니라, 사회계층 간 불평등과 자산의 양극화가 더욱 심화되어 계층 간 위화감은 더욱 증대될 수 있다.

그러나 청와대 보고서는 미시적 관점에서 교육 양극화의 해소책을 제시하고 있다. 즉, 지역 균형 선발, 농어촌 특별전형, 실업계 특별전형, 저소득층 지원 확대 및 투자 강화, 직업교육 확대 및 대학입시의 공정한 경쟁 방안이다. 이러한 해소 정책이 긍정적 성과를 얻기 위해서는 정치적 구호나 선심용에 그치지 않고 우리 사회의 구조적인 문제 해결 노력과 병행하여 합리적이고 합법적인 방법으로 적재적소에 효율적으로 실행되어야 한다. 특히, 지역 균형 선발이나 농어촌 및 실업계 특별전형은 사회경제적 하위계층이나 소외계층이 그 수혜 대상에서 배제되

지 않도록 하되 대학의 학생 선발권과 자율권을 지나치게 침해하지 않
도록 묘안을 도출해야 한다.

　　이를 위한 미시적 실천 방안을 한 가지 제시하자면, 먼저 국립대학
(교)만이라도 사회경제적 하위계층이나 소외계층의 자녀들이 저비용으
로 공부하여 자산의 양극화를 해소할 수 있는 기회를 포착하고 사회화
합에 동참할 수 있도록 이들을 배려하기 위한 특례입학할당제와 학자금
지원방안을 강구하고 이를 엄정히 실시할 것을 촉구한다. 그러나 보다
효과적인 해법은 이러한 해소책의 필요 충분한 실행과 더불어 우리 사
회의 고질적인 구조적 병리현상을 올바르게 진단하고 이를 치유하는 것
이 필요하다.

50

〈이 사람〉 "학벌은 포도주 같아 처음에만 달콤"

대한매일 김재천 기자 글
게재일자: 대한매일 2003년 06월 23일(17면)/사진 별도

'포도주와 학벌' 아무런 연관이 없을 것 같은 이 두 가지에 대한 그의 설명은 걸작이었다. "포도주를 처음 따라 마실 때는 달콤합니다. 그러나 시간이 지날수록 시큼해지고, 더 지나면 초가 돼 버려 먹을 수 없게 되지요. 학벌도 마찬가지입니다." 학벌이 처음에는 좋아 보이지만 시간이 흐를수록 부패하고, 결국 나라 전체를 망치게 한다는 설명이었다. 그는 "특정 학벌이 아니라는 이유로 능력이 있어도 부와 권력을 갖지 못하면 국가의 장래는 어둡다"고 했다.

● **학벌문제 근원 파헤친 책 출간.** 지난 18일 오전 서울 우면동 우면산 자락의 작은 연구실. 한국교육개발원 연구위원인 이정규(李廷奎, 53) 박사를 찾았다. 학계에서 입에 담는 것조차 꺼리는 학벌문제를 그는 처음부터 거침없이 비판했다. 그는 최근 '한국사회의 학력·학벌주의'라는 책을 펴냈다. 학벌문제를 학술적으로 연구한 결과를 담은 최초의 저서다. '근원과 발달'이라는 부제가 말해 주듯 그의 책은 우리나라

학벌문제의 근원을 적나라하게 파헤치고 있다.

그는 학벌의 뿌리를 학문숭상 풍토에서 찾았다. "958년인 고려 광종 9년, 과거제 도입이 시작입니다. 당시 과거시험관인 좌주(座主)와 이에 합격한 문생(門生) 사이에는 부자(父子)관계에 필적할 만한 좌주·문생 관계가 맺어졌지요. 이것이 현대판 학벌의 원형입니다."

그는 이에 대한 근거로 상호 긴밀한 이해관계를 중심으로 결합돼 붕당 또는 학벌을 조성하고 입신출세를 위해 협력하는 점 등이 현재 우리 사회의 학벌주의와 유사하다는 점을 들었다. 조선 중종 이후 당파로 비화된 좌주·문생 관계는 갑오경장 때 과거제 폐지로 주춤했지만 일제강점기 경성제국대학이 설립되면서 새로운 학벌의 맥이 만들어졌다. 해방 이후에는 국립 서울대가 설립되면서 경성제대 졸업자들이 대거 서울대 교수를 맡으면서 맥을 유지했다.

"대한민국 초기에는 서울대가 해외 유학파에 밀려 큰 힘을 차지하지 못했습니다. 그러나 30년이 지난 1976년에는 서울대 출신이 핵심권력층으로 등장하게 되지요." 이후 특정 학벌의 집중 현상은 더욱 심해져 전국 대학 교수의 3분의 1 이상, 판·검사의 50%, 중앙일간지 기고자의 50%, 전문경영인의 20% 이상을 서울대 출신이 차지하게 된다. 그는 "정치·행정·입법·사법·언론·학계 등 여론지도층에 일개 학교가 독과점을 누린 것은 고려, 조선시대에도 없었던 일"이라고 꼬집었다.

● **40세 때 학문의 길로⋯⋯ 5년째 학벌 연구.** 그가 학벌 연구에 매달린 것은 벌써 5년째다. 49세에 이곳에 들어온 뒤 학력과 학벌, 유

교와의 연관관계를 연구 중이다. 서울 S대 신학과를 졸업한 뒤 학문의 길로 뛰어든 것은 40세 때 늦깎이로 다시 공부를 시작, 독일과 캐나다, 미국 등지에서 공부하고 돌아왔지만 학계는 학벌이 판치고 있었다.

"학계 모든 부분에서 학벌과 학연이 따라다닌다는 것을 느꼈습니다. 연구모임에서 교수임용, 연구과제 수주, 학술지, 연구소, 대학, 교육부에 이르기까지 학벌이라는 보이지 않는 끈이 연결돼 있더군요." 그는 "좋은 연구 성과를 내면 칭찬하고 격려하는 것이 아니라 질투하고 깎아내리고, 동류가 아니면 배척하는 것이 우리의 연구풍토"라면서 "이러한 사회에서 어떻게 학문적 역량이 나오겠느냐"며 가슴을 쳤다. 전문대 교수는 아무리 좋은 논문을 써도 전문대 수준 취급을 받고, 서울대 교수는 아무리 엉터리 논문을 써도 서울대 수준으로 취급받는 것이 우리의 현실이라고 했다.

● **인재할당제 등 제도적 장치 마련해야.** 그는 자신의 경험을 바탕으로 우리나라 교육열과 사교육, 입시문제 등의 진원을 찾다가 학문숭상·학벌주의에서 해답을 찾았다. 논어에서 비롯된 유교적 사상이 수백 년 동안 위정자들을 거치면서 패거리주의로 변질됐다는 것. 그는 "앉아서 [개인] 연구만 하는 것이 아니라 학벌 문제에 대해 모든 사람이 공감하도록 해야겠다는 생각에 이 연구를 시작했다"면서 "이제는 학벌에 대해 갇혀 있지 말고 말하고, 행동하는 지성이 필요한 때"라며 지식인들의 각성을 촉구했다.

그는 학벌문제의 대안으로 의식 변화와 더불어 우선 제도적인 장치를 마련, 기본 사회구조를 바꿔야 한다고 주장했다. 미국의 소수우대정책(Affirmative Action)처럼 소수를 배려하는 법안을 마련하고, 인재할당제를 도입, 인재를 골고루 등용하는 제도가 절실하다고 했다. 능력과 성과를 중시한 적극적 인사관리 시스템을 제도화하고 고시제도 폐지, 국립대의 평준화 및 특성화 등의 대안도 제시했다. 그는 "정치권과 언론, 사회지도층, 학계 등 모두 기득권을 양보해야 한다"면서 "이 체제를 그대로 두고 입시제도나 바꾸고 사교육비를 줄이겠다는 것은 공염불에 그칠 수밖에 없다"고 조언했다.

이 책이 국내에서 그의 첫 '목소리'지만 연구 성과는 해외에서 더 알려져 있다. 한국의 교육열과 학벌, 학연에 대한 외국 학자들의 관심이 높아지면서 그의 연구가 속속 해외에 소개되고 있다. 지난 5년 동안 해외에서만 논문 [14] 편과 책 [3]권을 펴냈다. 최근에는 멕시코에서 발간하는 세계 유명 저널에 그의 논문이 실렸다. 앞서 지난 2월에는 캐나다 브리티시컬럼비아대에서 '학벌과 교육열'을 주제로 세미나에 초청받아 강연도 했다. 그는 요즘 더 바빠졌다. 학벌 사회와 패거리문화, 연고문화 등에 대한 심층적인 연구를 시작한 까닭이다. 이번 책이 학벌과 학연에 대한 전반적인 큰 틀을 제시한 것이라면, 향후 연구는 구체적인 세부 작업인 셈이다.

제9장

■ 무엇을 그리고 누구를 위한 서울대학교인가?

51

한국의 명문대학, 학벌주의의 산실인가?

한국의 '명문대학', 학벌주의의 산실인가? 이 물음에 그렇지 않다고 말할 수 있는 한국인은 과연 얼마나 될까? 우리 사회와 대학가에서는 공공연히 성골이니 진골이니, 귀족이니 평민이니 하며 대학의 신골품제화(新骨品制化) 혹은 카스트화가 회자되고 있다. 우리 민족의 전통적인 부귀공명적 입신양명주의 가치관에 뿌리를 두고 있는 학벌주의는 우리의 문화유산이자 산업화 내지 서구화의 과정에서 부상(浮上)된 산물로 볼 수 있다.

오늘날 서울대를 정점으로 하여 세칭 몇몇 '명문대학'을 위주로 준신분화되고 있는 '학벌주의'는 능력주의와 업적주의에 기인한 순기능보다도 명목주의와 형식주의에 기인한 역기능을 우리 대학과 사회에 파급시키고 있다. 이로 인하여 대학은 고학력과 학벌을 주조하고 양산하는 산실로 전락되고 있으며 우리 사회는 학력의 수직적 분화, 즉 고학력화의 심화와 더불어 학력의 수평적 심화인 학벌화가 고착화되고 있다.

정치적 권력과 경제적 이익이 수반되는 곳은 말할 것도 없고 심지어 국민의 눈과 귀를 자처하는 언론기관과 고등학력을 산출하는 상아탑마저도 몇몇 안 되는 '일류학벌'이 장악하고 있다고 해도 과언이 아니다. 이렇듯 '일류학벌주의'는 우리 사회의 양지에서 한편으로는 권력과 금력의 실세로서 다른 한편으로는 필력(筆力)과 학력(學力)의 실세로서 그 위세를 과시하고 있다고 볼 수 있다.

이러한 위세에 걸맞게 이미 우리 사회 일각에서 'SKY 대학'이라는 '지극히 고상하고 높은 칭호'를 부여받은 일부 '명문대학'들은 대학 자체의 이름이 '권력마패' 혹은 '문화화폐'로서 브랜드화되어 '일류대학'이라는 명품이 됨은 물론 타 대학이 감히 넘볼 수 없는 난공불락의 '상아탑 요새(要塞)'가 되고 말았다. 대다수의 학부모와 학생들은 너 나 할 것 없이 이 '명품 브랜드'를 획득하기 위하여 재물과 시간 및 노력을 쏟아부으면서 혼신의 힘을 다하고 있다. 이들에게 '일류학벌'은 곧 '생의 일차적 목표'이자 '궁극적 사명'이며, 또한 '출세의 보증수표'이자 '지고의 선(善)'이다. 이들에게 타 대학은 '명품 브랜드'를 돋보이게 하는 치장용 내지 보조용이거나 마지못해 차선책으로 선택되는 '간판용'일는지도 모른다.

이런 맥락에서, 다음과 같은 몇 가지 자조적인 질문을 던지지 않을 수 없다. 세칭 'SKY 대학'은 학벌주의의 산실이자 학벌 사회의 온상인가? 한국사회에서 '일류대학 브랜드'는 과연 권력과 금력을 마음대로 휘두를 수 있는 마패인가, 화폐인가? 소위 'SKY' 대학을 제외한 나머지 대학들은 '일류 브랜드'를 빛나게 하기 위한 들러리인가, 갈채를 보내기 위한 박수부대인가? 아니면 고학력을 양산하는 주형인가, '학력병'에 걸린 사람들에게 고학력 간판을 파는 '학위판매처'인가?

이런 질문이 본위 아니게 대학의 위상을 실추시키고 사기를 저하시키는 데 조금이라도 일조하고 있다면 해당자 모든 분들께 심심한 양해와 용서를 구한다. 한국사회에서 소위 '명문대학'만이 제 '브랜드' 구실을 하고 나머지 대학들은 차별과 편견을 받으며 '브랜드' 자체가 제구실을 못 한다면 그 책임은 누구에게 있는 것인가? 몇몇 '명문대학'들이 학연으로 패거리문화를 조성하여 사제 간 혹은 선후배 간 서로 '밀어주고 끌어 주면서' 기득권을 고수하고 기회를 선점할 수 있도록 방임한 사회구조는 누가 타파해야 하고 어떻게 극복해야 하는가. 특정 소수 학벌집단만이 권력과 갖은 이권을 독점하면서 사회를 지배하고 있는 불합리하고 불평등한 사회구조를 그대로 존속하는 것이 국가 장래를 위하여 올바르고 현명한 방법인가. 나날이 심화되고 있는 학벌 사회구조를 타파할 강력한 의지와 혁신적인 방안이 있는지를 정부와 대학 행정 당사자에게 묻고 싶다. 우리 사회에서 학벌주의의 뿌리를 도저히 근절할 수 없다면 적어도 최소화하는 방안이라도 시급히 강구해야 할 것이다. 시기가 적절치 않다거나, 차선책이 없다거나, 사안 해결이 쉽지 않다는 변명으로 일관하면서 미루고만 있어서는 안 될 것이다. 기득권을 과감히 떨쳐 버리고 나누어 가지고자 하는 아량을 베풀기 바란다. 달달한 포도즙도 묵게 되면 신맛이 나고 나중엔 취기를 유발하는 술이 되는 이치를 잊어서는 안 될 것이다.

52

서울대학교, 누구를 위한 대학인가?

한국의 국립서울대학교, 과연 누구를 위한 대학인가? 새삼스럽게 무슨 엉뚱한 소리인가 하고 의아해할지 모르지만 지난 한 세대 동안 서울대학교가 우리나라와 우리 사회에 남긴 엄청난 공과를 돌이켜 볼 때 이런 질문을 던지지 않을 수 없다. 서울대 출신들이 한국의 정치, 경제의 핵심 세력으로서 우리의 사회 발전에 지대하게 기여해 온 점에 대해서는 아무도 부인할 수 없을 것이다. 오히려 이런 공적이 노를 넘어 각계각층에서 감히 타 집단이나 조직이 넘볼 수도 대적할 수도 없는 가공할 학벌 세력권을 형성하여 특권과 이익을 독점하여 우려할 정도가 되고 말았다.

정계와 재계는 말할 것도 없고 법조계와 국가의 엘리트를 산출하는 상아탑에서도 서울대학교의 힘은 막강함을 초월하여 과히 압도적이다. 현 정부 고위공직자(장관급 직책) 중 약 60%, 현 16대 국회의원 가운데 38%, 전체 검사의 58%, 전국 4년제 대학 교수의 약 1/3, 전국 규모의 7개 일간지 전체 기고자의 약 1/2, 상장회사 전체 임원 중 약 20%가 국립서울대학교 출신이다. 이 수치는 전체 국민의 0.5%도 채 안 되는 서울대학교 출신이 우리 국가와 사회를 좌지우지하고 있음을 나타내고 있다.

이를 꼬집어 어떤 이들은 서울대 출신을 골품제에 빗대어 '성골'이라 칭하기도 하고, 한국을 "서울대 공화국"이라 칭하기도 하고, 또 어떤 이들은 이런 사회 현상을 '서울대주의' 이데올로기라고 말하기도 한다. 이처럼 한 특정 학벌에 의한 국가 중추영역의 독점은 조선왕조의 봉건신분사회에서조차 보기 드문 일로서 소위 정의, 평등, 자유를 근간으로 하는 민주주의 사회에서 과연 바람직한 현상인지 묻지 않을 수가 없다.

시험제일주의 국가에서 소위 시험을 통한 능력주의 원칙을 등에 업고 선발된 인재가 국가와 사회를 움직이는 동량이 되는 것은 당연하다고 생각할 수 있다. 그러나 이런 생각은 한 세대 전엔 타당성과 합리성을 인정받을 수 있었지만 지금은 그렇지 않다고 볼 수 있다. 한 세대 전만 하더라도 서울대 입학은 사회경제적 약자가 사회지위 상승과 불평등을 해소할 수 있는 최선의 수단이었으며 통로였다. 그러나 지금은 사회경제적 약자가 서울대를 입학할 수 있는 길이 점차 멀어지고 있을 뿐만 아니라 공정한 학력 경쟁을 할 수 있는 기회 접근조차 쉽지 않게 되고 말았다.

몇 년 전 어느 한 기관의 조사 결과에 의하면, 아버지의 사회경제적 지위나 직업에 따라 서울대 입학에 많은 차이가 있음을 나타내고 있다. 특히, 아버지의 직업으로 전문직 및 경영·관리직이 전체의 약 40%를 차지하는 반면, 농·축·수산직과 비숙련노동직은 약 3%로 나타났다. 이는 우리나라 전체 전문직 및 경영·관리직 종사자 약 9%를 훨씬 상회하고 있는 반면에 농·축·수산직과 비숙련노동직 종사자 약 20%에는 훨씬 못 미치고 있다. 이런 조사 결과는 전반적으로 사회경제적 배경이 학력 경쟁에 절대적으로 유리한 요인이 되고 있음을 입증하고 있는 것이다.

우리 사회에서 서울대는 입신양명의 표상이자 출세의 지름길로서 우리 국민에게 선망의 대상이 되어 왔음은 아무도 부인할 수 없는 사실이지만, 서울대 출신자들이 우리 사회에 대한 공헌도에 대해서는 평가가 엇갈리고 있음을 부인할 수 없다. 이는 서울대라는 이름이 출세를 위한 '신임장'이나 '간판'으로 활용되어 이를 중심으로 최고의 학벌이 조성되고, 이는 곧 '서울대주의'라는 이데올로기로 채색되어 사회경제적인 특권과 프리미엄을 독점하고 있음을 뜻하기도 하지만, 한편으로는 서울대학교가 사회공익보다는 개인의 입신양명을 위한 소아적 지식인을 배출하는 세칭 '간판대학'으로 전락되었음을 나타내고 있다.

이제 서울대학교가 과연 누구를 위한 대학이어야 하는가를 깊이 생각해 볼 때이다.

53

서울대 박사과정 정원 미달 사태를 보면서

이번에도 서울대학교 대학원 후기 박사과정 모집에 지원자가 정원에 미달되는 사태를 가져왔다. 이공계는 말할 것도 없고 인문계마저도 모집 정원을 채우지 못하였다. 그동안 정부와 대학에서는 세계화와 지식기반사회화의 흐름에 걸맞게 국가 경쟁력 신장과 대학의 수월성 제고라는 측면에서 막대한 국고를 지원하고 대학의 다양화·특성화를 독려하며 고급 인적자원 육성에 많은 노력과 관심을 쏟아 왔다. 그럼에도 불구하고 모든 한국 사람들이 지극히도 선망하는 명실 공히 한국의 최고대학이라는 서울대학교에서 대학원 박사과정 모집에 정원조차 채우지 못한 사실은 놀랍다 못 해 이상한 일이 아닐 수 없다.

왜 이런 일이 일어났을까? 국내에선 확고부동의 최고 위치를 고수하면서 최상의 교수진과 우수한 학생들을 독차지하고 있다고 자부하며 우쭐거리던 '한국 최고의 명문대학'의 명성은 실상이 아니고 허상에 불과한 것이었던가? 며칠 전 어느 언론에서 서울대학교의 2002년도 SCI 등재 논문 편수가 세계에서 34번째로 세계 유수대학과 어깨를 나란히 하고 있다고 보도하면서 이들 대학보다 상대적으로 열악한 재정지원과 연구 환경하에서도 짧은 기간에 괄목할 만한 성과를 올렸다고 넌지시

추켜세우고 있었다. 이렇게 많은 연구실적을 낼 수 있는 탁월한 교수가 있음에도 그들에게서 수년 동안 가르침을 받았던 우수하고 영악한 학생들이 모교에서의 최고 학위과정을 외면하고 있는 데는 충분한 이유가 있다고 본다.

여러 이유가 있겠지만 주요한 이유를 몇 가지 들자면, 먼저 국내 대학원 박사과정에서의 전문가 부족과 프로그램의 부실화를 지적할 수 있다. 전문가 부족과 프로그램의 부실화는 대학원 전임교수의 부재와 더불어 대학원에서 전문지식을 익히고 고도의 과학기술을 연마하기에 필요충분조건을 채우지 못하게 할 뿐만 아니라, 지도교수와 대학원생 간에 긴밀하게 이루어져야 할 전공 분야 학습을 위한 도제관계가 학문의 전문성 신장보다는 인간관계에 치우쳐 '내 사람 만들기'에 주력하면서 '학문의 동종번식'에 급급한 요인이 되고 있기 때문이다.

다음으로 열악한 연구 환경과 미흡한 재정지원을 들 수 있다. 많은 학생들은 논문지도조차 충실히 받을 수 없는 이름뿐인 지도교수 아래서 오갖 일을 다 하면서도 등록금 충당하기에도 부족한 연구비를 받아 가며 귀중한 시간을 보내는 것보다 외국의 유수 대학에 가서 훌륭한 설비와 더불어 고도의 전문적 자질을 갖춘 교수의 지도 아래 충분한 연구비를 받아 가며 자신의 능력을 개발하는 것이 장래 입지선택에 유리하다고 생각하기 때문이다.

마지막으로 우리나라와 같이 과도한 학력·학벌 사회의 풍토에서는 서울대학교에서 학부, 석사과정을 이수하고 외국에서(특히 미국) 박사학위를 획득한 사람은 전문직 취업에 소위 '0순위'의 최우선권을 차지할 수 있기 때문이다.

필자는 외국에서 수년 동안 생활하면서 많은 한국 유학생을 만났고, 그들이 유학생활을 하는 여러 모습을 관심 있게 지켜보았고, 외국에서 박사학위를 취득한 사람들이 한국사회에서 대학을 비롯한 여러 전문 분야로 진출하는 것을 눈여겨보아 왔다. 많은 우수한 인재들이 나름대로의 여건과 환경 속에서 선진 학문을 배우고 익히기 위하여 최선을 다하였으나, 일부는 선진 학문을 충실히 익히는 일보다 빨리 한국에 돌아가 '요직(?)'을 차지하고자 하는 욕심에 앞서 요령과 잔꾀를 부리며 요구학점을 따고 논문을 마무리하여 최고 학위를 획득하는 '소아적 식자'(小我的 識者)도 더러 있었다.

만일 금번 서울대학교 박사과정 지원 미달 사태가 필자가 지적한 첫 번째나 두 번째 이유에서 발생한 것이라면, 우리 정부와 대학은 고질적인 '탈국내박사' 질환에 걸린 국내 대학원 교육을 올바르게 진단하고 적절한 처방전을 제시하여 정상화하는 데 최선을 다하여야 할 것이다. 노파심에서 언급하지만 서울대 박사과정 지원 미달 사태가 소아적 식자의 지향성에서 기인된 마지막 이유에 해당되지 않길 바랄 뿐이다.

54

서울대학교, 이제 거듭나야 한다

한국사회에서 사회경제적 약자가 서울대 입학을 통하여 사회지위 상승을 도모하는 것이 먼 이야기가 될 날도 멀지 않았다고 해도 과언이 아니다. 최고 학벌은 확대재생산의 길로 접어들어 이젠 세습의 징후마저 보이고 있다. 한국사회에서 기득권 세력의 선두 주자로 자리매김을 한 서울대 학벌은 지난날의 공적마저도 평가 절하되어 '학력·학벌주의의 원흉 혹은 진원지'로 또는 '유·초·중등교육 파행의 원인지'로 비난과 원망의 대상이 되고 있다. 최고 엘리트로서의 자부심도 서민층과의 상부상조와 소외계층의 권익 옹호를 외면함으로써 '이기적인 소아적 일류 집단'으로 실추되고 있으며, 세칭 국내 최고의 두뇌 집단은 권력과 금력을 분별없이 추종하는 일부 세력에 의해 기득권 고수집단, 즉 '학벌 문중'으로 매도되고 있다. 서울대학교는 출세지상주의의 정점으로 각인되어 대다수 한국인에게 선망의 대상이 되고 있으나, 다른 한편으로는 일부 집단에 의해 시기의 표적으로 타도의 대상이 되고 있다.

지금까지 서울대학교는 국가의 보호 장치 가운데 넉넉한 국고지원을 받으며 국립대학으로서 우리나라 모든 대학들의 표준대학이 되어 왔다. 국민 세금을 지원받아 등록금도 일반 사립대의 절반 수준을 책정하면서도 서민층이나 소외계층의 사람들보다 사회지배계층 혹은 중·상위 계층 사람들이 점차 혜택의 주 대상이 되고 있다. 더욱이 이들 수혜자 중 약 60%에 이르는 학생들이 전공의 부적합성을 호소하고 있으며, 인문사회계열 학생 절반이 고시에 매달려 있다고 항간에 보도되고 있다. 국가 사회가 필요로 하는 적재적소에 전문 인력을 양성하기 위하여 국민의 세금으로 운영되는 국립대학이 고시학원화되면서 본래의 설립 목적과 기능을 제대로 이루지 못하고 있다고 볼 수 있다.

이런 관점에서, 다음과 같은 질문을 던지지 않을 수가 없다. 서울대학교는 과연 누구를 위한 무엇을 위한 대학인가? 전공 분야 학습보다 일류학벌을 주형하는 학벌산출처가 되고 있는 것은 아닌가? 참된 엘리트를 육성하기보다 출세지향적 소아적 지식인을 양성하는 고등기관으로 전락한 것은 아닌가? 특단의 개혁 없이 서울대학교가 학문적으로 과연 세계적인 일류대학이 될 수 있을까?

위와 같은 질문을 고려해 볼 때, 우리나라와 민족의 보다 나은 장래를 위해서도 서울대학교는 개혁적인 대수술을 필요로 한다고 생각한다. 여태까지 일부 식자들에 의해서 몇 가지 서울대 개편 방안이 제시된 것으로 알고 있다. 서울대를 독립법인화하자는 민영화론, 학부를 개방하고 대학원 교육 중심으로 가자는 개방론, 순수학문 중심으로 가야 한다는 특성화론, 국·사립대학의 역할을 분담하자는 역할분담론, 국립대 전체를 평준화하자는 평준화론, 아예 서울대를 폐교하자는 폐교론에 이르기까지 여러 방안이 대두되었다. 그러나 무엇보다도 중요한 것은 국립대학이라면 많은 서민층과 소외계층의 사람들이 입학해서 공부할 수 있도록 기회를 확대시킴은 물론, 그들이 장차 사회 각계각층에서 주도세력의 일원으로 당당히 일할 수 있도록 배려를 아끼지 말아야 한다. 다행히도 최근에 이르러선 지역별 불균형을 개선·해소시키기 위한 방안으로 서울대가 '지역균형 선발제'를 내놓았다. 혹시라도 이 안이 혹자가 우려하듯이 세인의 비난을 피하기 위한 면피용이나, 만에 하나 시행착오로 인하여 우수 학생을 더욱 철저하게 독점하게 되는 결과를 초래해서는 안 될 것이다.

서울대학교가 참된 국민의 대학으로 거듭나고 세인들로부터 인정받는 세계 일류대학이 되길 바란다면, 먼저 다양한 배경을 가진 각계각층의 사람들이 모여서 자유롭게 가르치고 공부할 수 있는 분위기를 조성해야만 한다. 획일적인 서울대 출신 교수 집단이 아닌 다양한 학교 및 학문적 배경을 가진 교수진으로 재구성하고, 일부 특정계층 출신 학생들이 주류를 이루는 대학이 아닌 다양한 계층의 학생들이 함께하여 즐겁게 학문과 기술을 배울 수 있는 전당이 되어야 한다. 다양성과 개방성을 신장하고 각 구성원들이 제 색깔을 마음껏 표출하고 이를 잘 조화시켜 나갈 때, 세계적인 대학으로 발돋움할 수 있는 밑거름이 될 창의력과 경쟁력은 저절로 자라나 꽃을 피울 수 있을 것이다.

제10장

■ 세계화와 한국의 대학

55

교육시장 개방 과연 호재인가 악재인가?

작금의 세계화 흐름은 선진 자본주의 국가들이 중심이 된 주도집단과 개발도상국 및 비자본주의 국가들이 중심이 된 추종집단 혹은 저항집단으로 이분화된 가운데 이루어지고 있다. 그러므로 세계화는 표면적으로는 통합과 다원적인 차원에서의 공익을 내세우지만, 실제적으로는 경쟁에 의한 차별적인 정치·경제적 불평등의 심화뿐만 아니라, 추종집단의 사회·문화적 정체성과 특수성을 해체하거나 말살시킬 수도 있는 야누스적인 특성을 지니고 있다.

요즈음 우리 사회에서 찬반 논쟁이 한층 가열되고 있는 교육시장 개방 문제도 세계화의 이런 야누스적인 면에 기인한다고 볼 수 있다. 현시점에서는 교육개방으로 인하여 우리 사회와 교육이 발전하게 될 것인지 폐해를 당하게 될 것인지 명확하게 예측할 수 없다. 교육개방을 추진하거나 지지하고 있는 세력은 경쟁을 통하여 열악하고 부실한 교육을 개혁할 수 있는 호기를 맞을 수 있을 뿐만 아니라 교육의 질적 수준을 높임으로써 국가 경쟁력을 강화할 수 있게 될 것이라고 주장하는 반면, 저지 투쟁세력은 교육의 공공성이 무시되면서 기회균등의 원칙이 무너져 계층 간 위화감을 조성함은 물론 공교육이 붕괴되고 나아가 교

육세습사회가 도래하게 될 것이라고 강도 높게 항변하고 있다. 교육개
방의 대상과 수준이 아직 구체적으로 확정되진 않았으나 정부는 대학과
성인교육에 한하여 제한적으로 허용하는 방안을 검토하는 것으로 알려
져 있다. 한 교육부 담당자에 의하면 교육개방을 하더라도 국내법상 제
한을 모두 유지하기 때문에 교육의 상업화는 초래되지 않을 것이라고
말한다. 이에 반하여 교육개방을 강력하게 반대하는 교육·시민단체들
은 우리의 특수한 사회·교육문화 풍토를 무시한 교육의 상업화로 인
하여 우리 국민은 더욱 엄청난 교육비에 시달리게 되고 우리 사회는 불
평등이 한층 더 심화될 것이라고 주장한다.

이렇게 두 세력이 첨예하게 대립하기에 앞서 현재 우리 교육의 실
상이 과연 어떠한가를 냉철하게 진단해 볼 필요가 있다. 우리의 중등
이하 교육은 대학입시라는 관문을 향해 인권유린의 도를 넘어 아동학대
에 해당할 만큼 비인격적인 주입식 내지 '찍기식' 학습 방법과 요령을
가르치는 데 몰두하고, 학생들은 학부모의 '뜨거운 후원'과 교사의 '열
렬한 사주'를 받아 가며 '시험기계'가 되어 대학입시의 서열화 경쟁에서
한 등수라도 남보다 앞서기 위하여 소아적인 식자(識者)가 되고 있으며,
대학은 학교별 서열화와 파벌화도 부족하여 지역별, 학과별, 전공별로
도 서열화되어 학벌의 신분화, 전공의 우열화, 직업의 차별화에 앞장서
고 있다 해도 과언이 아니다. 그동안 우리 교육은 세계의 흐름에 뒤처
져 국가 경쟁력이 뒤로 밀리는 줄도 모른 채 '우물 안 개구리식'의 학력
경쟁과 '도토리 키 재기식' 학벌경쟁에만 급급하였다고 볼 수 있다.

우리 교육의 이러한 결과는 스위스의 세계경영발전연구소(Interna-
tional Institute for Management Development)에서 발간한 『2001
년도 세계경쟁력연감』(The World Competitiveness Yearbook 2001)
에 잘 나타나 있다. 우리나라는 국가 전체 인구수에 대한 '고등교육의

성취도'에 있어선 36개 조사대상국 가운데 5위(34.0%)로 서구 선진국 가들 수준을 나타내었으나, '세계화가 자국의 경제에 미친 영향력'에 대한 항목에선 49개 조사대상국 중 34위(5.183), '세계화에 대한 태도'에 있어선 20위(5.976)로 중간 그룹에 포함되었다. 그러나 '대학교육의 경제에 대한 경쟁력'에 있어선 49개 국가 중 47위로 최하 수준인 것으로 평가되었다. 특히 산업화에 진입한 한국의 고등교육이 경쟁력 면에서 최하위 수준에 이르고 있는 것은 고등교육의 양적 팽창이 이제는 질적 향상으로 전환되어야 할 시점임을 제시해 주고 있다.

위의 지표가 말해 주듯이, 우리의 고등교육이 학력 사회화에는 추진력이 되었지만 세계화와 국가 경쟁력 향상엔 이렇다 할 성과를 거두지 못하였다고 볼 수 있다. 이제 세계화라는 강풍을 타고 한반도에 상륙한 교육시장 개방이 낙후된 우리 고등교육을 발전시킬 수 있는 호재가 될 것인지 퇴보시킬 악재가 될 것인지는 우리의 대처 방식에 달려 있다. 만일 각 이익단체와 관련 당사자들이 소아적인 집단이기주의나 근시안적인 아집과 독선으로 이 문제를 풀고자 한다면 호재가 아닌 악재가 될 가능성이 높다. 세계화의 도도한 흐름에 순응하거나, 저항하거나, 경쟁하지 않으면 안 될 숙명에 처해 있는 우리로서는 어떤 방식으로 대처하든지간에 우리의 정치·경제 및 문화적 가치와 전통은 주도집단의 강력한 힘에 의하여 가시적 혹은 비가시적으로 영향을 받지 않을 수 없다. 세계화의 불가항력적인 힘의 자장에서 벗어날 수 없다면 문을 굳게 닫고 있는 것만이 능사는 아닐 것이다. 문을 열고 손님을 맞이할 적기(適期)가 언제인가를 질 따져 보이야 할 것이다.

56

세계적인 대학의 조건

필자가 머물고 있는 브리티시컬럼비아대학교(The University of British Columbia)의 교정을 거닐라치면 여러 국가에서 온 여러 인종의 학생들을 곳곳에서 마주치게 된다. 뿐만 아니라 필자가 속해 있는 '교육연구학과'에서도 여러 나라 출신 학자들이 교수로 재직하고 있으며 비영어권에서 온 초빙교수나 객원 학자들도 강의나 각종 학술세미나에 적극 참여하고 있다. 이 대학이 캐나다에서는 명문대학이라 칭해지고 있는 이름 하여 '세계적인 대학'(World—Class university)이다.

국내에서도 이름깨나 있는 대학의 경영책임자들은 기회가 있을 때마다 자신이 소속하고 있는 대학을 몇 년 만에 혹은 몇 년도까지 세계에서 몇 번째 이내 들어갈 수 있는 세계적인 대학으로 만들겠다고 당찬 포부를 밝히곤 한다. 이런 보도를 접할 때마다 과연 그 포부가 몇 년 만에 그대로 이루어질 수 있을까라는 회의적인 생각을 하게 된다. 어떤 경우엔 한 대학을 운영·관리하는 수장의 안목과 비전이라 보기엔 딱할 정도로 실현 가능성이 먼 이야기로 느껴질 때도 있음을 숨길 수 없다.

적어도 세계적인 대학이 되려면, 굳이 전문적인 대학기획·발전론에 입각해서 말하지 않더라도 몇 가지 조건 혹은 요건이 선행되어야 한다고 본다. 먼저 대학 교정이나 강의실에서 서로 마주치거나 함께 공부하고 가르침을 받을 수 있는 외국 학생과 교수가 많아야 한다. 학생의 경우만 하더라도 미국의 대부분 중위권 주립대학 이상 급의 학교가 그렇듯이 적어도 대학 전체 학생의 5% 정도는 외국인이 차지하여야 하고 최소한 40여 개 이상의 나라에서 와야 세계적인 대학이라고 말할 수 있지 않을까? 이런 기준에서 볼 때, 우리나라에선 과연 어느 대학이 이 기준에 부합되는 세계적 대학이라고 말할 수 있을까? 국내 최고 대학이라는 서울대가 해당될 수 있을 것인가? 국내 일류 사학명문이라고 하는 연·고대가 해당될 수 있을 것인가?

다음으로 각 전문 분야에서 국적을 불문하고 세계적인 석학 혹은 전문가가 대학에 자리 잡고 있어야 한다. 우리 대학의 경우엔 어떠한가? 국내 최고 명문대학이라는 서울대학교에서 근자에 들어 매 학기마다 박사과정 모집에 정원 미달 사태가 유발되고 있다. 만일 세계적인 석학이나 전문가들이 모인 대학이라면 과연 이런 현상이 일어나겠는가 하고 반문해 본다. 학문후속세대나 고급두뇌를 자국 대학에서 제대로 양성하지 못하고 외국 대학에 입양시키는 우를 언제까지 범할 것인지 답답한 마음을 금할 수 없다. 자국에서 그렇게 '잘났다고 우쭐거리는 교수들'이 내 제자를 다른 나라 사람에게 '학문적 입양'을 보내면서도 자존심이 상하진 않는지 혹은 부끄러움을 느끼지 않는지 묻고 싶다.

그리고 이미 세계어가 된 영어나 불어로 대학에서 학문과 기술을 가르치고 배울 수 있는 여건이 조성되고 환경이 구비되어야 한다. 우리의 대학이 세계적인 대학으로 발전하려면 대다수의 교수는 영어로 강의할 수 있어야 하며, 많은 우수한 학생들은 영어 강의를 들을 수 있고 선진 학문을 원서로 공부할 수 있는 어학 능력을 갖추어야 할 것이다.

마지막으로 여러 나라에서 많은 학생들을 유입할 수 있도록 하기 위해 국가의 선진화는 물론 대학교육의 국제화를 적극 추진해야 한다. 이런 맥락에서, 외국 학생들이 우리의 학문과 기술 및 고유문화를 배우고 익힐 수 있는 기회를 갖도록 적극적인 홍보가 필요하다. 그리고 대학 학제, 교육과정, 교육연한 등의 국제화와 더불어 특히 국가 차원에서의 재정보조정책 및 대학 당국의 실질적인 지원책이 강구되어야 할 것이다.

세계적인 대학은 그럴듯한 청사진을 되풀이해서 그리거나 번지르르한 말로만 되는 것은 아니다. SCI 등재 논문 편수가 세계 몇 위에 든다느니 아시아나 세계에서 몇 위에 속하는 대학이라느니 언론 매체를 통해 아무리 보도하여도 그건 목을 치켜세우고 해를 재촉하는 수탉의 울음소리에 지나지 않는 일이다. 진정으로 세계적인 대학으로 도약하거나 비상하기를 바란다면 말장난이나 숫자 놀음에만 매이지 말고 실질적인 대학교육의 국제화를 위한 행보를 재촉하기 바란다.

57

세계화와 대학의 자본주의화

지구촌의 선진 여러 나라들이 당면하고 있는 새해의 중요한 과제는 지식기반경제사회와 첨단과학 및 정보통신기술시대 그리고 세계화 흐름에 걸맞은 국가 경쟁력 강화, 복합문화주의의 화합과 유동성 촉진, 첨단과학정보기술력의 신장이다. 이러한 세계적인 흐름을 고려해 볼 때, 세계 선진 각국의 올해 고등교육의 주요 현안 내지 쟁점 또한 국가 경쟁력 강화를 위한 교육의 수월성 확보 및 고급인력 육성, 학문의 실용화와 대학의 자본주의화, 세계화 흐름에 부합할 수 있는 인적자원과 교육프로그램의 유동성 촉진, 새로운 과학기술시대에 편승할 수 있는 첨단과학정보기술의 신장 및 활용 문제가 대두되고 있다. 따라서 무엇보다도 대학의 경쟁력 강화를 위한 수월성 제고 및 대학의 특성화와 기업화, 대학의 자본주의화를 위한 대학의 상업화와 학문의 실용화, 세계화와 복합문화주의에 편승한 고등교육의 유동성 촉진, 그리고 첨단과학정보기술 신장을 위한 노력이 최근 서구 선진국들의 대학교육의 주요한 교육적 동향이다.

물론 우리나라의 고등교육 정책입안자나 교육행정가들도 교육 재정 확충, 공사립고등교육기관의 특성화 및 자율성 확립, 대학의 국제화 및 기업화, 학문의 실용화 혹은 상업화, 그리고 그 밖에 거시적 혹은 미시적인 교육정치학적 요인들을 병술년의 주요한 현안 내지 쟁점으로 인식하리라 본다.

캐나다 브리티시컬럼비아대학교의 한스 슈에츠(Hans Schuetze) 교수가 지적한 것처럼 21세기 고등교육에 있어서 연구와 학문의 실용화 및 응용화, 국제화, 대학의 상업화는 범세계적인 추세이다. 세계화는 이미 지구촌을 '글로너컬(glonacal)화'하여 각국의 고등교육기관은 자의적 혹은 타의적으로 국제화의 소용돌이에 휘말리게 되었고, 대학은 자본주의화의 파고에 밀려 기업화에 촉각을 세우고 있으며, 학문의 실용화 바람에 인문학은 고사에 직면하게 되고, 자연과학은 상업화의 깃발을 더 높이고 있다. 세계화 내지 국제화가 서구화의 허리케인이라면 대학의 상업화와 기업화는 서구 자본주의의 쓰나미일지도 모른다. 그리고 학문의 응용화 내지 실용화는 매머니즘(mammonism, 황금만능주의)의 부산물일지도 모른다.

한때 혹자는 "유교가 죽어야 나라가 산다"고 말했다. 과연 우리 대학이 유학의 인문주의 숭상의 학문적 전통을 죽이고 자본주의와 실용주의에 바탕을 둔 서구화, 기업화 그리고 상업화되어야만 살 수 있는가를 다시 한 번 깊이 생각해 보자. 인문학을 고사시키고 자연과학만으로 학문의 꽃을 피우고 실용화의 열매를 맺을 수 있는지 냉철하게 생각해 보자. 한국의 대학이 세계화와 자본주의화라는 이방의 강풍과 파고에 지혜롭게 대처하지 못하고 이리저리 휩쓸린다면 우리 대학의 정체성과 특수성은 머지않아 뿌리째 뽑힐지도 모른다.

특히 세계화는 피할 수 없는 시대적 흐름이지만 대학의 기업화 내지 학문의 상업화는 선택사항이 아닐까? 그렇다면 세계화엔 우리 문화의 전통과 정체성을 견지하면서 대학이 능동적으로 이에 편승하고, 대

학의 자본주의화엔 각 대학의 특수성과 정체성을 살릴 수 있도록 유연
하게 대처하는 것이 우리 대학의 자생력뿐만 아니라 경쟁력을 높이는
현명한 방법이 아닐까?

58

세계화와 한국의 고등교육

　세계화가 피치 못할 문명사적인 변혁의 한 흐름이라면 우리나라도 이 도도한 흐름에서 벗어날 수 없는 것은 자명한 일이다. 세계화는 동시대에 갑자기 불어닥친 토네이도도 아니며 태풍도 아니다. 구미 자본주의 국가들로부터 소생하기 시작한 세계화의 바람은 개발도상국들과 비자본주의 국가들에까지 불어닥쳐 점차 맹위를 더하면서 정치와 경제의 영역을 휩쓸고 이젠 교육과 문화의 영역에도 그 위세를 뻗치고 있다.

　이 바람은 현세에 이르러 갑자기 돌풍이나 태풍으로 돌변하여 한반도를 강타한 것이 아니라 예로부터 우리 문화와 더불어 항상 우리와 함께하였다고 생각한다. 단지 우리가 이 바람의 본질을 잊고 살아왔을 뿐이지 때론 미풍으로 우리의 옷깃을 스치기도 하고 때론 강풍으로 우리의 문을 세차게 두드리기도 하면서 우리 문화 속에 머물고 있었다. 과거에도 불교와 유교가 세계화의 바람을 타고 온 것이 아니었던가! 이 바람을 타고 온 이방의 종교와 문화는 이제 '우리 것'이 되어 '남의 것'이라는 것조차 망각하고 말았다. 우리는 남의 것을 내 것으로 오인하며 사는 경우가 얼마나 많은가! 또한 이 세상은 보고 만질 순 없어도 느낄 수 있는 것은 얼마나 많은가! 공기와 바람, 행복과 사랑이 그런 것이 아닐까?

일반적으로 성인이나 철인은 철학적 사색과 종교적 수행을 통하여 '깨달음'(覺)을 얻거나 '도'(道)에 이르지만, 범인(凡人)들은 '배움'(學)을 통해 '앎'에 이를 수 있다고 생각한다. 범인에게 있어서 교육은 선각자들의 발자취를 살펴보고 새로운 것을 익히는 과정이자 수단이라 간주할 때, 교육은 문자를 통하여 옛날과 오늘을 넘나들고, 나라와 민족을 넘나들어 왔다고 볼 수 있다. 이런 맥락에서 볼 때, 세계화는 이미 옛날에 시작되었다고 말할 수 있다.

옛날이나 지난 세기보다 오늘이나 현 세기가 세계화의 바람이 더 거세게 느껴지는 것은 그동안 산업과 교통, 특히 지난 세기 말엽부터 가속화된 지식·정보·통신 등의 과학기술의 발달로 인하여 우리의 세계가 동·서양 혹은 육대주라는 대륙의 벽이 허물어지고 '지구촌'이라는 하나의 개념으로 축소·통합되었기 때문으로 볼 수 있다. 이제 우리가 사는 이 세상은 오늘 이 순간에 어디서 무슨 일이 어떻게 일어나고 있는가를 내 집 창가에서 바깥 보듯 훤히 알 수 있게 되었다. 언론매체가 아니더라도 자신의 컴퓨터나 휴대전화를 통해 실시간 세상 뉴스를 듣고 보고 메시지를 전할 수 있게 되었다. 이렇듯 지식·정보·통신·기술은 세계화를 촉진하는 핵심 매체가 되고 있다.

세계화를 활성화하고 있는 동력은 정치·경제적 역동성이지만, 세계화를 가속·확대시키는 것은 고등지식을 구축하고 첨단과학기술을 개발하는 교육이라고 말할 수 있다. 교육은 이미 세계화의 본류로서 세계화에 필요한 기본정보와 매체를 제공하는 중요한 역할을 수행하고 있다. 특히 고등교육은 그 핵심적 역할을 수행하고 있다.

이러한 문명사적 변혁의 시기를 맞아 과연 우리의 대학은 세계화의 거센 바람에 어떻게 대처해야 할 것인가? 지금까지는 국가경제발전이라는 명분 아래 우후죽순처럼 대학을 설립하여 고등교육의 접근 기회를 확대하고 양적 팽창을 도모하면서 '신토불이'만을 위한 대학정책을 수립하고 이를 수행해 왔다고 해도 과언이 아니다. 이로 인하여 한편으론 국가경제발전에 필요한 인력을 확보하고 고등교육의 보편화를 이룩하게 되었으나, 다른 한편으론 학력·학벌사회화가 가속되어 학력·학벌경쟁이 심화되었고, 또한 지식강국으로 발돋움할 수 있는 대학의 질적 수월성은 낙후성을 면치 못하게 되었다.

이제 한국은 지식강국으로 거듭나야 할 절박한 시점에 처해 있다. 우리의 대학이 정부의 보호하에 안주하면서 우물 안 개구리식으로 '학문의 신토불이'만을 외치던 시대는 지났다. 지식기반사회에 걸맞은 '세계적인 대학'으로 부상할 때이다. 세계화가 곧 우리의 문화와 학문의 정체성을 말살시키는 것은 아니라고 생각한다. 고등교육의 세계화를 '학문의 종속화'니 '학문의 사대주의'니 하며 '학문의 쇄국화'로 매도하는 것이 과연 현명한 판단인지 냉정히 생각해 볼 때이다.

59

캐나다의 대학교육과 사회적 가치

최근에 발행된 IMD(International Institute for Management Development)의 세계경쟁력 연감이나 OECD의 교육지표에 의하면, 캐나다는 인구수 대비 고등교육의 성취도와 성인의 고등교육 이수자 비율에 있어서 세계 최상위권에 속하는 나라이다. 높은 고등교육 참여도와 성취도를 바탕으로 세계 주요 선진산업국가(G7)의 하나로 이미 지식기반사회에 진입하여 고등교육의 세계화, 상업화, 실용화 추세와 더불어 대학의 질적 제고와 국가발전을 위한 고급인력 수급에 총력을 기울이고 있다.

캐나다에서는 몇 년 전에 모든 일자리의 70%가 고등교육 이수를 자격 요건으로 하고 있다. 캐나다의 고등교육은 이미 보편화되어 있으나 우리나라처럼 대학교육이 학벌과 학력화의 도구로써 사회 전반에 편만되어 있지 않다. 특히, 직업에 차별을 두지 않고 직업을 신이 주신 소명으로 간주하는 칼빈주의 기독교 정신, 만인이 평등하다는 평등주의 사상, 그리고 실용주의와 공리주의에 기초한 상공업 중시 가치관으로 인해 세칭 일류대학 진학과 최고의 학력을 굳이 추구하려는 경향은 일반화되어 있지 않다. 대학을 진학하지 않고 또한 애써 세칭 명문대학을 입학하고 졸업하지 않아도 서구 자본주의 사회에서 중시하는 경제적 가치와 이익을 얻을 수 있기 때문이다.

앞서 언급한 것처럼, 대학의 졸업증서 혹은 신임장 요구가 사회 전반에 일반화되어 고등교육이 보편화되어 있는 것은 사실이지만 학력과 학벌로 인한 준신분화 내지 계층화는 우리나라에 비하면 사회구조화 정도가 덜하다고 볼 수 있다. 물론, 캐나다는 다양한 언어와 문화적 배경만큼 각 주와 지방의 특성에 따라 다양한 형태의 고등교육기관을 설립하고 프로그램을 운영하면서 고등교육의 다양화와 특성화를 도모하는 한편, 대학의 자율성과 창의성을 강조하고 있다. 캐나다는 주립대학과 커뮤니티칼리지가 주축을 이룬 공립대학을 중심으로 고등교육의 질 제고와 기회확대를 추구하고, 다양한 특성을 지닌 사립고등교육기관으로 하여금 고등교육 기회의 용이성과 전이성을 도모하면서 직업기술교육을 지향하고 있다.

위와 같은 사회구조와 가치관 그리고 고등교육 제도와 정책으로 인하여, 이민자의 경우를 예외로 한다면 캐나다의 고등교육에 대한 일반적인 사회인식은 긍정적이며 건실한 편이라 볼 수 있다. 현재 캐나다의 노동시장이나 취업전선에서 학력과잉 내지 과잉교육으로 인한 학력대비 하향취업 의도나 경쟁이 우리나라보다 덜 심한 편이다. 따라서 상당수의 아시아계 이민자들과 소수 중상류 백인계층을 제외하면 우리나라와 같은 입시지옥(?)과 과도한 사교육 행태를 유발하는 과잉교육열은 사회 전반에 편만되어 있지 않다고 볼 수 있다. 필자는 이 칼럼에서 캐나다의 대학교육과 사회적 가치를 간략하게 소개하는 데 그쳤으나 우리나라의 고등교육과 사회적 가치 개혁에 시사하는 바가 있길 바란다.

제11장

■ 대학과 행복

60

대학, 행복을 위한 황금 열쇠인가?

사람은 누구나 행복한 삶을 원한다. 이를 위한 추구가 돈, 권력, 명예, 명상, 종교 등의 도구나 수단에 의해서든, 그리고 이를 위한 삶의 양식이 물질주의, 금전만능주의, 쾌락주의(hedonism, Epicureanism)에 바탕을 둔 물욕, 소비, 성욕 등으로 표출되든, 이와 대조적으로 정신주의 (spiritualism), 금욕주의(asceticism, Stoicism), 신비주의(mysticism)에 기초한 신앙, 이념, 수행 등으로 나타나든, 삶의 공통적인 목표는 개인의 행복과 사회의 복지라고 말할 수 있다. 일상생활에서 행복한 삶을 영위하기 위해 건강과 재화가 필수적인 요소이며, 종교, 예술, 운동, 음악, 오락 등은 이러한 삶을 풍요롭게 하는 촉진제라고 볼 수 있다.

그러나 행복의 정도와 느낌은 사람마다 다르며, 행복한 삶의 기준과 추구 또한 개인마다 다르다. 이는 '행복이 무엇이며, 행복을 어디에서 찾을 수 있으며, 어떻게 추구할 수 있는가?'라는 질문에 사람마다 다양한 답변을 할 수 있기 때문일 것이다. 특히, 행복에 대한 질과 양은 개인뿐만 아니라 인종, 국가, 종교, 문화, 역사적 배경에 따라 다르며, 성별과 나이에 따라 다르다. 행복은 가까이에도 멀리에도 있을 수 있고, 느낄 수도 느끼지 못할 수도 있고, 내재적일 수도 외재적일 수도 있고, 볼 수도 보지 못할 수도 있고, 만질 수도 만지지 못할 수도 있고, 측정할 수도 있고 못할 수도 있고, 현실적일 수도 이상적일 수도 있고, 소유할 수도 못할 수도 있고, 실제적일 수도 추상적일 수도 있고, 유물론적일 수도 신비적일 수도 있기 때문이다.

아리스토텔레스의 주장처럼, 행복이 삶의 궁극적인 목적이라고 가정할 때, 행복은 인간이 추구하는 지고의 선이요 최고의 가치라고 볼 수 있다. 환언하자면, 행복은 인간의 삶에 있어서 가장 중요한 목적이며 추구해야 할 최고의 가치라고 말할 수 있다.

현재 일부 국가들이 국가 경쟁력 강화와 더불어, 한편으로 국가의 복리증진을 위해 복지 연구기관을 중심으로 '행복'을 연구하고 있으며, 다른 한편으로 대학교육의 복지화 추구 정책에 증진하고 있다. 또한 철학, 종교학, 사회학, 사회심리학, 사회복지학 및 경제학 분야의 서구학자들을 중심으로 '행복'에 대한 연구가 활발히 진행되고 있다. 최근에 이르러서는 몇몇 서구학자를 중심으로 교육학적 관점에서도 연구가 이루어지고 있다.

오늘날 대부분의 세계 여러 나라들은 지식기반사회화와 세계화 흐름에 편승하여 국가 경쟁력 강화를 위해 교육을 경제논리에 따라 인간자본론의 기치하에 인적자원 육성에 박차를 가하고 있다. 현재 우리나라도 고등교육은 국가적 차원에서 개인의 행복과 사회의 복지 추구라는 궁극적인 목표를 도외시한 채 실용주의 내지 과학중심주의 기치를 내걸고 국가 경쟁력 강화에만 몰두하고 있는 실정이다. 이런 시점에서 과연 대학교육이 행복을 위한 최적의 열쇠인가를 제고하고, 대학교육의 궁극적 목표가 무엇이어야 하며, 앞으로 우리나라의 대학교육이 추구해야 할 방향을 올바르게 설정하고 이를 엄정하게 실행할 것을 권고한다.

61

행복은 무엇이며 어떻게 추구할 수 있을까?
-대학교육의 관점에서-

인간은 진리를 추구하는 존재이고 삶의 궁극적인 목적이 행복이라고 가정할 때, 인간은 경험적 실제와 논리적 사유를 통해 미처 알지 못하는 어떤 것을 알고자 하거나 불명확한 사실에 대해 보다 명확하게 이해하고자 지적인 활동을 도모하는 존재라고 귀결시킬 수 있다. 또한 이러한 진리 추구의 본성에 따라 사람은 지식을 배우고 익히며, 교육을 통하여 인간의 숭고하고 존엄한 지고의 가치인 행복을 추구하고 느낄 수 있거나 소유할 수 있다고 말할 수 있다.

그러면 행복이 무엇이며 어떻게 추구할 수 있을까? 동서고금을 통하여 수많은 현학자들이 이에 대해 탐구하고 나름대로의 생각을 주장해 왔지만 아직 아무도 행복이 무엇이며 어디에 있는지, 어떻게 추구하고 소유할 수 있는가에 대해 만인이 공감할 수 있는 명쾌한 원리나 이론을 밝혀 하나의 진리를 제시하거나 찾아내지 못하고 있다. 행복에 대한 정의와 실재조차 개인, 성별, 나이, 인종, 종교, 문화, 학문적 배경에 따라 각자 다르게 인식되거나 논의되고 있을 뿐만 아니라 시대 흐름과 역사적 배경 내지 사회적 상황에 따라 다르게 표현되고 있다. 이는 행복에 대한 본질과 특성이 논리적 사유나 과학적 탐구로 규명될 수 없는 형이상학적 내지 초월적인 면이 내재된 데 기인한 것인지도 모른다.

그럼에도 불구하고 행복은 인간이 추구하는 최고의 가치로서 어딘가에 실재하며, 인류의 문화사에서 고금을 통하여 현실적으로나 묵시적으로 모든 사람이 추구하는 궁극적 목표임은 부인할 여지가 없다. 어쩌면 인생에서 경험과 교육을 통하여 지혜와 지식을 터득하고 익히는 것 또한 삶의 질을 고양하기 위한 최적의 한 수단이며 행복을 얻기 위한 과정이자 방편일지 모른다. 특히, 대학교육을 통하여 전문 지식과 기술을 익히는 것은 자아 개발과 더불어 사회적 성공과 보다 나은 삶을 추구하고 획득하여 정신적으로나 물질적으로 자아실현과 입신양명을 이룸이 주된 목적일 것이다. 이런 맥락에서 볼 때, 지식과 교육은 행복을 추구하고 소유하기 위한 최적의 필요조건이자 주요 결정 요인이라 추론할 수 있다.

대학교육은 과연 행복의 문을 열기 위한 황금 열쇠인가? 먼저 개인적 관점에서, 대학교육은 개인에게 실용성 추구에 적합한 지식과 기술을 학습할 수 있는 기회를 부여할 뿐만 아니라 개인에게 실용적 보상을 주며, 지식을 습득하고 덕성을 함양하여 지식인이나 지성인 혹은 교양인이 될 수 있는 기회와 혜택을 부여한다. 사회적 관점에선 대학교육은 개인의 사회적 지위 향상과 경제적 안정을 도모하여 삶의 질을 향상시킬 뿐만 아니라 사회복지를 증진하고 오락 활동을 촉진하며 문화를 창달한다. 그리고 국가적 관점에선, 대학교육은 국가경제 발전과 산업화 및 국가 경쟁력 강화를 위한 주요 동력이며 효과적인 수단이다. 이러한 대학교육의 순기능적 혹은 긍정적 역할에 초점을 맞춘다면, 대학교육은 개인의 안녕과 사회의 복지 그리고 국가의 번영이라는 삼중 문을 열 수 있는 마력의 황금 열쇠라고 볼 수 있지 않을까?

62

유토피아를 위한 아카데미아, 행복대학

오늘날 세계 대부분의 나라에서 대학교육은 개인의 덕성 함양과 행복 추구는 외면한 채 지식기반경제 혹은 정보통신기술 시대의 흐름에 따라 개인은 실용성 추구에만 급급하고, 사회와 국가는 세계화 및 정보화의 시대적 조류에 편승하여 교육을 인간자본론의 실천 도구로 간주한 채 국가 경쟁력 강화를 위한 전문인력 양성에 전력하고 있다.

그러나 황금만능주의와 쾌락주의 및 출세지향주의에 채색된 개인, 물질지상주의와 자본주의화로 물질적으로 풍요로운 사회, 그리고 국가 경제력과 국가경쟁력이 우수한 나라만이 과연 만인에게 행복한 삶을 가져다 줄 수 있을까? 대학교육이 진실로 개인의 삶을 행복하게 해 줄 수 있을까? 미래의 대학이 개인의 행복, 사회의 복지 향상, 그리고 국가의 번영을 위한 공리주의 원칙에 기반을 둔 행복대학으로 지향될 수 있을까? 이런 문제가 앞으로 고등교육이 당면해야 할 새로운 문제가 아닐 수 없다.

중세 유럽에서 대학이 발원한 후 수 세기 동안 대학은 네 가지 주요 기능을 수행하였다: 전문가 육성, 지도자 양성, 학문 연구, 전문 기술사 양성 이다. 19세기 말까지 서구에서 대학교육의 목적은 주로 지식의 보존, 전달 및 진보에 두고 있었다. 그러나 오늘날 대학의 주요 기능은 가르침, 연구, 사회봉사로 전환되었으며, 대학의 목적도 지식의 보존, 전달, 진보뿐만 아니라 개인의 삶의 질 향상과 복지사회/국가 건설을 위한 개인과 사회 및 국가가 바라는 전문지식과 과학기술을 갖춘 인재 양성으로 전문화 및 다양화 되었다.

미래 대학의 주요 기능과 목적은 가르침, 연구, 사회봉사뿐만 아니라 개인의 행복, 사회의 복지, 국가의 번영을 위한 지식의 보존, 전달, 진보 외에도 개인의 덕성 함양, 실용성과 전문성 창달, 더불어 사는 삶, 건전한 복지사회 건설, 그리고 국가 발전을 위한 인재 양성으로 지향되어야 한다.

끝으로, 저자는 현 정부와 고등교육 정책입안자 및 대학 행정가에게 오늘날 대학이 공리주의의 행복의 원칙–"최대 다수의 최대 행복"–에 기초하여 개인의 덕성 함양과 실용성 획득, 사회의 복지 향상, 문화 창달과 국가의 경쟁력 향상을 위한 보상 효과와 더불어, 행복한 생활, 행복한 사회를 위한 원동력이 될 수 있도록, 또한 개인의 자아실현과 복지사회 및 복지국가 건설을 위한 유토피아의 새로운 아카데미아가 될 수 있도록 "행복추구대학" 혹은 "행복연구대학"으로 거듭 나길 권고한다.

1

What Is the Purpose of the University in Society and in Your Own Life? (대학의 목적은 무엇인가?)

According to Bernard C. Ewer, an American educator and psychologist, the meaning of education is generally the process of developing an individual as an intelligent, active, and sympathetic member of society. He also adds that education deals with three fundamental characteristics of human nature: work, play, and love. Work means all serious and productive efforts, including physical and mental. Play broadly signifies all forms of recreation. Love includes sympathetic and social relationships. Simply put, education is the practice to achieve knowledge, virtue, and the body. These are indeed the essential features of individual and social life.

Like the meaning of education, the purpose of the university is the process of cultivating the power of intelligent self direction and independent activity as a valuable member of society. The university firstly offers specific information, analytic skills, critical abilities, and powerful independent efforts to make for efficiency and success in society. As Cardinal Newman wrote, the aim of university is "the high protecting power of all knowledge and science, of fact and principle, of inquiry and discovery, of experiment and speculation: it maps out the territory of the intellect, and sees that…… there is neither encroachment nor surrender on any side."

Secondly, the university offers facilities for physical training and recreation in play. Play includes both physical and mental activities. In other words, play broadly means not only a cultivated taste for literature but also an appreciative understanding of music, drama, painting, and architecture. In his Ethics and Politics, Aristotle emphasizes music and art education. Aristotle's references to the educational values of play and the character-performing influence of music should be related to his Poetics. Aristotle recognizes the natural love of harmony and rhythm as important influence on human growth and development of the arts.

Thirdly, university education is social education. The university offers social activities such as athletic games, cultural events, club activities, and various conferences. University life should be the good example of social training. In terms of Confucius' educational aims, Confucius asserts the harmony of society as well as the relationship of individuals through education. Like Confucius, Aristotle also stresses the good life in the community through education.

Finally, a university offers cultural and practical education. The cultured mind pursues a subject for the love of it and for the resulting breadth of view. The practical mind studies for the sake of money, power, efficiency, and success. Indeed, the practical mind studies are important because each individual can obtain mature power to live in her or his society.

In conclusion, the purpose of the university in society and in my own life is to cultivate myself, to raise the intellectual tone of society and the public mind, and to purify the national taste as a member of society.

* This paper is a scholarship award article at The University of Texas at Austin.

2

The Problems of Educational Credentialism
and Sectarianism in Korean Society
and Higher Education
(한국사회와 고등교육에 있어서 학력/학벌주의의
문제점)

It is no exaggeration to say that educational credentials and academic cliques are two main pillars to maintain Korea's education and society. According to the result of *Hangyeore 21's* survey(Hangyeore-sinmoonsa, Issue 332, 2000) regarding educational credentials and academic clique [*hakbul* in Korean] in current Korean society, 63.4% of 700 Korean adults responded that "without academic career and clique, there is no success in Korea"(p.18). And 64.4% of the people answered that "if you want social success in the future, it is important to be graduated from prestigious universities in Korea"(ibid).

In addition, Korean Educational Development Institute's research report (KEDI, RR 2002−15: Lee & Hong, 2002) points out that the Korean people "need at least university diplomas to live humane lives, and that strongly need the diplomas of a prestigious university to seek their fortune"(op. cit., p.248). The KEDI report(RR 2002−15) indicates that "low educated−persons are generally related to low income, low earning occupations requiring physical labor, and living in the poor urban or rural area, while high educated — persons are commonly concerned to high income, high earning occupations requiring mental labor, and living in the higher or middle class urban district"(op.cit., p.249).

As shown in the above results, educational credentials and academic cliques are two significant factors not only to choose one's occupation and spouse, but to enhance one's socio-economic position and humane life in current Korean society.

In the cultural history of Korea, the origin of educational credentials and academic cliques sprouted from the aristocratic class in the Koryo Kingdom(918 — 1392), with beginning the state examinations for selecting the Confucian bureaucrats[*Kwa — keo* systems], and grew in the soil of Confucian upper classes [*Yangban* in Korean] in the Chosun Kingdom(1392 — 1910). Educational credentials and academic cliques in pre—modern Korean society were determinants to obtain socio—political power and wealth.

Modern educational credentialism and sectarianism[*hakbul*—ism] in Korea were formed in the early period of the Republic of Korea via the era of the U.S. military reign(1945 — 1948), and settled in overall Korean society during the 1960s — 1970s. In the 1980s, Korean higher education achieved universalization. With this universalization of Korean higher education, educational credentialism and sectarianism [*hakbul—ism*], as stepping stones to catch socio—economic power, have been diffused throughout the whole Korean society, including higher education.

In Korean higher education, however, educational credentialism has brought about several problems, such as social inequality, examination hells, increase of private education expense and youth joblessness, desolation of public education, educational inflation, overeducation and underemployment, a credential society, and an academic clique-oriented society.

In addition, as Jeong-Kyu Lee points out in his book, Korean Higher Education: A Confucian Perspective(2002, pp.143-44), educational sectarianism [*hakbul*-ism] has also led to several significant problems as the following:

First, factionalism rooted in college or university ties hinders the exchange of academic knowledge and information between universities, colleges, schools, departments, and faculty members. Also, factionalism creates new cliques as well as brings about egoistic scholarship between individuals or among schools.

Second, favoritism based on interpersonal ties becomes an obstacle to the openness in educational administration, in particular personnel management such as faculty appointment, promotion, and retirement, by carrying out a closed or partial administrative system.

Third, an academic clique-oriented doctrine in colleges and universities is also a significant problem. The doctrine has aggravated not only new school-ties based on individual's affiliated school but also homogeneous academic coteries who seldom exchange or interchange their knowledge and information with heterogeneous academic groups.

Last, a homogeneously closed organizational culture is also
a serious problem. Homogeneous collectivism based on blood,
region, and school ties ignores an open organizational system
which embraces internal or external communication network
because of a homogeneous group that intends to maintain its
vested interests about academic activities and other academic
affairs.

▌약력

저자 이정규 박사는 미국 오스틴 소재 텍사스대학교(The University of Texas at Austin)에서 고등교육행정을 전공하여 철학박사 학위를 받았다. 캐나다 센트럴 칼리지 학장, 브리티시 컬럼비아대학교 교육대학원 객원교수, 한국교육개발원 교육정책연구본부 연구위원, 홍익대학교 교육경영관리대학원 대학행정전공 겸임교수를 역임하였다. 그리고 국제학술지 *Radical Pedagogy*와 *Globalization and Health* 평가위원, 한국대학신문 전문위원 겸 칼럼니스트, 통일미래연구소 자문위원으로 활동하였다.

저자는 고등교육 분야에서 탁월한 학문적 성과를 인정받아 세계 3대 인명사전인 "마르퀴스 후즈 후*(Marquis Who's Who)*" in America 2006−2007년판(61st Edition)과 "마르퀴스 후즈 후*(Marquis Who's Who)*" in the World 2006−2007년판(24th Edition), 영국 캠브리지 International Biographical Centre에서 발행하는 "세계인명사전*(Dictionary of International Biography)*" 2008년판, 그리고 "ABI(American Biographical Institute)"에서 선정한 2008년도 "Great Minds of the 21st Century"에 등재되었다.

저자의 주된 연구 분야는 리더십과 조직문화, 사회적·윤리적 가치, 한국의 고등교육, 고등교육 정책(분석) 및 대학 평가, 세계화와 고등교육, 그리고 고등교육과 행복이다.

주요 저술은 *"Korean Higher Education: A Confucian Perspective"*, *"Historic Factors Influencing Korean Higher Education"*, "한국사회의 학력벌주의: 근원과 발달", "한국의 고등교육: 종교와 문화의 관점에서(근간)" 외 다수의 학술논문과 연구보고서가 있다. 저자의 논문은 한국, 미국, 영국, 캐나다, 멕시코, 스페인, 인도, 중국, OECD, UN, UNESCO의 저명한 국내외 학술지에 게재 혹은 소개되었으며, 대다수의 학술논문은 영문으로, 그리고 일부 논문은 프랑스어, 스페인어 및 중국어로 출간되었다.

E−mail: jeongkyuk@hotmail.com

▌주요 저서 및 논문

주요 저서와 근년에 외국 학술지에 발표된 주요 논문은 다음과 같다.

−Atlantic Press(영국/인도): *Korean Experience and Achievement in Higher Education.* Book Chapter(2007).

−Lion Press(영국): *The Encyclopedia of New Religion: Guide to New Religions and Alternative Spiritualities.* Article Contributor(2004).

−Netbiblio(스페인): *Reformas en los Sistemas Nacionales de Educacion Superior.* Book Chapter[English](2002).

−집문당(한국): 한국사회의 학력/학벌주의: 기원과 발달. 서울(2003).

−Jimoondang International(미국/한국): *Korean Higher Education: A Confucian Perspective.* ISBN 89−88095−46−4; ISBN 0−9705481−5−X(2002), Library of Congress Catalog Card Number: 2001135598.

−Jimoondang International(미국/한국): *Historic Factors Influencing Korean Higher Education.* ISBN 89−88095−37−5; ISBN 0−9705481−1−7(2000), Library of Congress Catalog Card Number: 00−107886.

－United Nations Public Administration Network(UN):
  Education and Happiness: Perspectives of the East and the West,
  http://unpan1.un.org/intradoc/groups/public/documents/unpan/unpan034402.pdf,
  2009.
  ERIC_No.: ED503956.

－United Nations Public Administration Network(UN):
  Is University Education a Golden Key for a Happy life?
  http://unpan1.un.org/intradoc/groups/public/documents/unpan/unpan036748.pdf,
  2009.
  ERIC_No.: ED504051

－Tyrrell Burgess Associates Ltd.
  A New Paradigm for Higher Education and Culture in East Asia, Higher Education
  Review, 38(3), Summer 2006.

－The Mexican Educational Research Council. *Educational Fever and South Korean
  Higher Education,* Revista Electronica de Investigacion Educativa,
  http://redie.ens.uabc.mx/vol6no1/contenido－lee, 8(1), May 2006.

－International Consortium for Alternative Academic Publication(ICAAP):
  Asiatic Values in East Asian Higher Education: From a Standpoint of Globalization,
  Globalization, 5(1), June 2005,
  http://globalization.icaap.org/content/v5.1/lee. html

－International Consortium for Alternative Academic Publication(ICAAP):
  *Globalization and Higher Education: A South Korean Perspective, Globalization, 4(1),
  1－14. http://globalization.icaap.org/content/v4.1/lee.html(June 2004).*

－The University of Northern Iowa:
  The Role of Religion in Korean Higher Education.
  The Journal of Religion & Education, 29(1), 49－65(Spring 2002).

－Education Policy Analysis Archives(EPAA):
  Japanese Higher Education Policy in Korea during the Colonial Period(1910－1945),
  EPAA, 10(14), http://olam.ed.asu.edu/epaa/(March 2002).
  *The Establishment of Modern Universities in Korea and Their Implications for Korean
  Educational Policies.* EPAA, 9(27), http://olam.ed.asu.edu/epaa/(July 2001).

－The University of Calgary: *Educational Thoughts of Aristotle and Confucius.*
  The Journal of Educational Thought, 35(2), 161－180(September 2001).

－Revista de la Educacion Superior[Mexico], 31(121), 43－60(April, 2002).

－Taylor & Francis: *Christianity and Korean Higher Education in the Late Choson
  Kingdom Period,* Christian Higher Education, 1(1), 85－99(January 2002).

－International Consortium for Alternative Academic Publication(ICAAP):

－*Confucian Thought Affecting Leadership and Organizational Culture of Korean Higher
  Education.* Radical Pedagogy, 3(3), http://radicalpedagogy.icaap.org/ content/issue3
  －3/5－lee.html(December 2001). United Nations Public Administration Network(UN):
  http://unpan1.un.org/intradoc/groups/public/documents/APCITY/unpan003631.pdf

- Education Policy Analysis Archives(EPAA):
- International Consortium for Alternative Academic Publication(ICAAP):
  Impact of Confucian Concepts of Feelings on Organizational Culture in Korean Higher Education. Radical Pedagogy, 3(1), 2000,
  http://radicalpedagogy.icaap.org/content/issue3-1/06Lee.html ERIC_NO: ED453774
- Organization for Economic Co-operation and Development(OECD):
  The Administrative Structure and Systems of Korean Higher Education.
  Higher Education Management, 12(2), 43-51, 2000.
  Gestion de l'enseignement superieur, 12(2), 2000.
- Tyrrell Burgess Associates Ltd.:
  Historic Factors Affecting Educational Administration in Korean Higher Education.
  Higher Education Review, 32(1), 7-23, 1999. ERIC_NO: EJ615150.

대학, 행복을 위한 황금 열쇠인가?

초판인쇄 | 2010년 4월 25일
초판발행 | 2010년 4월 25일

지은이 | 이정규
펴낸이 | 채종준
펴낸곳 | 한국학술정보㈜
주　소 | 경기도 파주시 교하읍 문발리 파주출판문화정보산업단지 513-5
전　화 | 031) 908-3181(대표)
팩　스 | 031) 908-3189
홈페이지 | http://www.kstudy.com
E-mail | 출판사업부 publish@kstudy.com
등　록 | 제일산-115호(2000. 6. 19)

ISBN　978-89-268-0992-1 03370 (Paper Book)
　　　　978-89-268-0993-8 08370 (e-Book)

이담 Books 는 한국학술정보(주)의 지식실용서 브랜드입니다.

이 책은 한국학술정보(주)와 저작자의 지적 재산으로서 무단 전재와 복제를 금합니다.
책에 대한 더 나은 생각, 끊임없는 고민, 독자를 생각하는 마음으로 보다 좋은 책을 만들어갑니다.